Besuchen Sie uns auf www.facebook.com/conbook

1. Auflage
© 2011 Conbook Medien GmbH, Meerbusch
Alle Rechte vorbehalten.

www.conbook-verlag.de
www.heimatbuch.de

In der Reihe »**Heimatbuch**« bisher ebenfalls erschienen:

Berlin	Murat Topal	ISBN 978-3-934918-84-9
Ostfriesland	I. Lienemann & K. Jakob	ISBN 978-3-934918-87-0
Rheinland	Christan Bartel	ISBN 978-3-934918-89-4
Schwabenland	Holger Hommel	ISBN 978-3-934918-90-0
Westfalen	Mischa-Sarim Vérollet	ISBN 978-3-934918-93-1
Wien	Buchgraber & Brandl	ISBN 978-3-934918-88-7

Projektleitung und Lektorat: Stephan Ditschke
Einbandgestaltung: Linda Kahrl
unter Verwendung des Bildmotivs © istockphoto.com/iSailorr
Satz: David Janik, Linda Kahrl
Foto Sarah Hakenberg: Foto Behrbohm, Neuburgerstr. 4-6, 86167 Augsburg
www.fotobehrbohm.de, eMail: info@fotobehrbohm.de

Druck und Verarbeitung: Ebner & Spiegel GmbH, Ulm

Printed in Germany

ISBN 978-3-934918-91-7

Sarah Hakenberg

Wo Bavaria Dirndl
mit Highheels trägt

MÜNCHEN

ein *Heimatbuch*

»I sog amoi: I ess vui, weil's guat is«, heißt es im Freistaat, während in München spindeldürre Society-Damen an halben Salatblättern knabbern – München ist zwar Landeshauptstadt, aber doch so anders als der Rest Bayerns! Getrost kann man hier sein Busticket mit einem 200-Euro-Schein zahlen und sein gesamtes Repertoire an Designermode zur Schau stellen.

Sarah Hakenbergs augenzwinkernder Stadtführer berichtet, wie der Einkaufsbummel in der Maximilianstraße mit Jogginganzug und Badelatschen zum Abenteuer wird und wie man mit einfachen Mitteln Abwechslung in das Leben der unterforderten Münchner Ordnungshüter bringen kann.

Das Heimatbuch München verrät nicht nur, mit welchen Hürden man beim Oktoberfestbesuch zu rechnen hat, man erfährt auch die wunderbarsten Münchner Schimpfwörter, weshalb einer der letzten Paternoster und das Kartoffelmuseum die eigentlichen Attraktionen der Stadt sind und – Skandal, Skandal! – wo sich die Münchner nackt sonnen.

Mit liebevollem Blick und bissigem Humor führt Kabarettistin und Autorin **Sarah Hakenberg** (*Knut, Heinz, Schorsch und die anderen*) durch ihre Wahlheimat München!

© Foto Behrbohm Augsburg

Sarah Hakenberg, geboren 1978 in Köln, wurde 1981 von ihren Eltern in die bekannte bayerische Groß- und Kulturstadt Zorneding verschleppt. Es folgten Stationen in München, Berlin und Strasbourg, bis sie die Sehnsucht wieder nach München trieb. Seit 2005 tritt Sarah Hakenberg mit ihrem literarischen Kabarett auf.

Der Erzählungsband *Knut, Heinz, Schorsch und die anderen* und das Audioalbum zum gleichnamigen Kabarettprogramm erschienen 2010 bei Eichborn, das Album *Der Fleischhauerball* 2011.

Seit Frühjahr 2011 ist Sarah Hakenberg gemeinsam mit Michael Feindler und ihrem dritten Programm *Die Grenzen des Schlagers* auf Tour.

Inhalt

Inhalt

Inhalt

Für J.

Ich höre, dass Sie an eine Übersiedlung nach München denken.
Ist dem so, so gratuliere ich dazu von ganzem Herzen.
Ich glaube, das ist ganz Ihr Platz.

Aus einem Brief von Theodor Fontane
an Detlev von Liliencron

Prolog

Versteckt im ältesten Hochhaus Münchens, einem roten Backsteingebäude, in dem heute das Planungsreferat untergebracht ist, befindet sich – fernab von allem Massentourismus – eine der größten Attraktionen der Stadt: Ein altehrwürdiger, zwischen zehn Stockwerken auf- und abfahrender Paternoster.

Da mein Vater als Ingenieur bei der Stadt München arbeitete, habe ich früher mit meinen Geschwistern oft darin Fangen und Verstecken gespielt. Heute sind hier weder Kinder zu sehen noch zu hören. Sie scheinen ihre Runden lieber im Internet zu drehen als im Paternoster. Während die Architekten und Ingenieure hinter den verschlossenen Türen an ihren Schreibtischen sitzen und über Bebauungsplänen brüten, fährt der alte Fahrstuhl unaufhörlich auf und ab, ruhig und behutsam, ohne auch nur für eine Sekunde stehen zu bleiben.

Ich steige in eine der graublauen Metallkabinen, die mit mir nach oben schwebt. Hat der Fahrstuhl damals auch schon so geknackst, geknarrt, gegurrt und gewummert? Man meint, ihn schwer atmen zu hören. Ach, ist das lange her, als ich das letzte Mal hier war!

Mit zwei Jahren wurde ich von meinen Eltern aus meiner Geburtsstadt Köln nach Bayern verschleppt. Da saß ich nun, am Wohnzimmertisch eines Eckreihenhauses im Münchner Osten, aß meinen Kartoffelbrei und wusste noch nichts von der 20 Kilometer entfernten großen Stadt, dem Paternoster und den anderen Abenteuern, die dort auf mich warteten. Erst ein paar Jahre später spürte ich zum ersten Mal die Aufregung, die einen bei der ersten U-Bahn-Fahrt überkommt, und die Angst, wenn man beim Einkaufsbummel in der stets überfüllten Innenstadt versehentlich seine Mutter verliert. Ich erinnere mich auch noch an meinen ersten Heulkrampf in der Achterbahn auf dem Oktoberfest und die Verwirrung darüber, warum die Erwachsenen bei den riesigen Faschingsumzügen alle so ungewohnt laut kreischten und unkontrolliert umherschwankten. Da ich später auch in München zur Schule ging, lernte ich die Isar kennen, an deren Kiesstränden ich genüsslich meine offiziellen und weniger offiziellen Freistunden verbrachte. Als ich schließlich für mein Studium nach München zog, entdeckte ich neben der wilden Isar die noch viel wilderen Studentenpartys. Sicher, mein kleines WG-Zimmer verschlang 380 Euro Miete, aber immerhin wohnte ich jetzt in der schönsten Stadt der Welt! Dafür nahm ich auch gerne in Kauf, dass eine Apfelsaftschorle schon mal 4,50 Euro kostete. Oder dass ich pikiert angeschaut wurde, wenn ich es wagte, mit Jeans und Turnschuhen die heiligen Hallen des Nationaltheaters zu betreten.

Ich fahre am fünften Stock vorbei, dem »Sachgebiet für Informationsverarbeitung«, wie mir eine gold gerahmte Informationstafel mitteilt. Ein Beamter kommt mit ein paar Akten unter dem Arm aus seinem Büro und steigt in die Kabine neben mir, die gerade nach unten fährt. Dann herrscht wieder Stille, einzig das Rumoren und Knarzen des Fahrstuhlgetriebes ist zu hören.

Merkwürdig, dass der Paternoster keine Besucher anlockt. Er liegt zentral, man könnte sich darin nach Herzenslust austoben, und das völlig kostenlos! Ab welcher Höhe traut man sich noch, aus einer nach unten fahrenden Kabine herauszuspringen? Schafft man es rechtzeitig, in eine nach oben schwebende Kabine hineinzuklettern? Und falls nicht, wird man dann vom Paternoster zerquetscht? Wird der Aufzug automatisch gestoppt, wenn man Gefahr läuft, seinen Körper zwischen Kabinenboden und Stockwerk einzuklemmen? Oder wird man sauber in zwei Hälften geteilt? Ob es eine Automatik für solche Notfälle gibt? All das sind spannende Fragen, denen abenteuerlustige Münchner dort nachgehen könnten. Und wer weiß schon, wie viele Paare den Aufzug bereits für ein romantisches Liebesabenteuer genutzt haben! Da die Fahrt problemlos auf mehrere Stunden ausgedehnt werden kann, darf man sich hierbei sogar Zeit lassen. Und ist es nicht unfassbar aufregend, dass auf alle fünf versteckten Sekunden fünf weitere folgen, in denen man bangen darf, ob nicht ausgerechnet jetzt ein Ingenieur sein Büro gegenüber der Kabine verlässt?

Aber vielleicht sind die Münchner zu brav und zu bieder für solche Spielchen. Diese Vermutung veranlasste mich damals auch, aus München wegzuziehen. Ich hatte nämlich mit einem Mal den Eindruck, die Stadt leide an unsäglich vielen Krankheiten. An der BMW-Seuche zum Beispiel, am Markenmodezwang, an der Biertrink- und Breznfresssucht und am Sauberkeitswahn – um nur einige zu nennen. Mit einem Mal empfand ich München nicht mehr als große aufregende Stadt, sondern als ziemlich provinziell und kleinkariert. Ich verbrachte ein paar Jahre in Berlin, ein paar weitere in Frankreich und erlebte diese Zeit als einen großen Befreiungsschlag: Punks, Bettler, Second-Hand-Läden, VW Käfer und Schrippen in Berlin und Wein und Brioches in Frankreich – herrlich!

Ich befinde mich jetzt übrigens im obersten Stockwerk und nähere mich dem spannendsten Moment der Paternoster-Fahrt. »Bitte aussteigen!«, warnt mich die Informationstafel des zehnten Obergeschosses, nur um dann nachzuschieben: »Weiterfahrt ungefährlich.« Es wird dunkel. Meine Kabine wird automatisch über zwei große Räder von der rechten Seite auf die linke gezogen, wo sie die Talfahrt aufnimmt. Im Dämmerlicht einer kleinen Lampe entdecke ich ein paar Namen und einen Ottifanten, der mit weißem Edding auf eines der Räder gemalt wurde. Wo steht denn nur ... Ach, na bitte, hier: »Sarah« – geschrieben mit einem leuchtenden Rotstift! Der Aufzug gibt ein paar ächzende Geräusche von sich, und meine Kabine macht sich mit mir wieder auf den Weg nach unten.

Was ich bis heute nicht verstehe: Ich wohne jetzt wieder in München. Ich habe selbst nicht die geringste Ahnung, weshalb. Eines Morgens bin ich aufgewacht und war plötzlich hier. Ob ich vielleicht unbewusst dem Ruf der bayerischen Metropole gefolgt bin, weil ich irgendwann auch keine Brioches mehr sehen konnte und unbändige Lust auf eine echte *Brezn* hatte? Oder weil ich im Sommer so gerne mit Freunden unter den alten Kastanien im Biergarten sitze? Oder weil München eben doch viel schöner ist als jede andere Stadt auf der Welt? Immerhin steht München auf der Hitliste der Lieblingsstädte der Deutschen auf Platz eins. Aber wie ist es wirklich, hier zu leben? Zwar wird uns Münchnern nachgesagt, wir wären ein ungemein gemütliches Völkchen, aber was ist mit den konservativen bayerischen Biedermännern und den versnobten Krawatten- trägern, wegen denen ich doch damals von hier weggezogen bin? Und ist es als Künstler nicht doch interessanter, in Berlin zu leben als in der bayerischen Hauptstadt? Und sind wirklich alle Münchner so reich? Was ist das für eine Stadt, um die sich so viele unterschiedliche Klischees ranken? Ich werde versuchen, dem auf die Spur zu kommen! Und wenn ihr Lust habt: Begleitet mich dabei! Ich schlage vor, dass wir gemeinsam durch die Stadt streifen, um zu ergründen, wer die unterschiedlichen Einwohner Münchens eigentlich sind. Dabei werde ich vermutlich genauso viel lernen wie ihr.

Weil es bestimmt eine Weile dauert, bis ihr hier seid, werde ich mich ins *Café Ringelnatz* in Altschwabing setzen, einen Milchkaffee trinken und euch noch ein paar Tipps für die Anreise geben – nicht, dass ihr euch auf dem Weg hierher verirrt!

Inzwischen bin ich wieder im Erdgeschoss angelangt. Beim Aussteigen erspähe ich ein junges Pärchen, das nebenan in den Aufzug huscht. Na bitte! Geht doch!

Anreise

Anfahrt mit dem Auto

Im Vergleich zu vielen anderen Reisezielen auf der Welt, die ich bereits erkundet habe, ist München sehr unkompliziert zu erreichen. Über die Autobahnen A8 von Süden und Westen, A9 von Norden und A94 von Osten gelangt ihr problemlos in die Stadt, ohne mit größeren Militärkontrollen oder Überfällen aufständischer Rebellengruppen rechnen zu müssen. (Vom Hörensagen weiß ich, dass noch drei weitere Autobahnen existieren sollen, die München mit der Außenwelt verbinden. Falls ich vor der Buchveröffentlichung noch dazu kommen sollte, werde ich die genauen Informationen an dieser Stelle nachliefern!)

Aufpassen solltet ihr in jedem Fall, dass ihr nicht aus Versehen auf den Autobahnring 99 gelangt, der nicht in die Innenstadt führt, sondern sie nur umkreist! Der uninformierte Reisende dreht so oft mehrere Tage lang seine Runden und fragt sich verzweifelt, weshalb er nicht endlich in München ankommt – es sei denn, er hat Glück und gerät zufällig in die Stadt hinein, weil im Süden ein Stück des Autobahnrings fehlt. Falls ihr aus irgendwelchen Gründen dennoch auf die A99 gelangen solltet und nicht wieder herunterfindet: Keine Panik! Einfach wieder zum Ausgangspunkt (Erfurt, Buxtehude oder woher ihr eben kommt) zurückkehren und es erneut versuchen. Viel Glück!

Das Münchner Straßennetz ist zwar gut ausgebaut, aber auch stark überlastet. Falls ihr also mit dem Auto anreisen solltet, plant die Fahrt am besten so, dass ihr Sonntagabend auf der A8 vor München steht. Reiht euch ein in die BMW- und Mercedes-Kolonne in die Münchner Innenstadt! Das fröhliche Gehupe wird euch sicher viel Spaß machen und euch das Münchner Lebensgefühl bereits auf der Hinfahrt ein Stück weit näher bringen.

Aus einem anderen Grund möchte ich dennoch von der Anfahrt mit dem Auto abraten: Wie sich überraschenderweise bei brandaktuellen Forschungen herausstellte, üben Autoabgase einen sehr schädlichen Einfluss auf unser Klima aus und somit auch auf die langfristige Fortsetzung menschlichen Lebens auf der Erde allgemein! Deshalb empfehle ich euch die Anreise mit dem Zug.

Anreise mit dem Zug

Die Anfahrt mit dem Zug bringt – im Vergleich zur Anfahrt mit dem Auto – neben dem eben genannten Argument noch viele weitere Vorteile mit sich. Zum einen erhöht sich das Unfallrisiko in keiner Weise, wenn ihr während der Fahrt einschlaft oder bereits in diesem Buch blättert. Zum anderen habt ihr die Möglichkeit, euch mit den anderen Fahrgästen in eurem Abteil, die nach München reisen, zu gemeinsamen Besichtigungstouren zu verabreden. Mit ein wenig Glück trefft ihr sogar ein paar Münchner, die eure dringenden Fragen zur Stadtgeschichte oder Landespolitik bereitwillig beantworten. Gerade die Fahrgäste der ersten Klasse sollen äußerst kompetente Menschen sein! Falls ihr nicht in der Stimmung für Plaudereien seid, könnt ihr den Erste-Klasse-Fahrgästen dennoch eine große Freude machen: Sobald ihr durch die Fensterscheiben die Außenbezirke von München auftauchen seht, nehmt euer Gepäck und begebt euch damit in den vordersten Zugteil. Ihr erspart euch auf diese Weise einen langen Weg auf dem Bahnsteig, denn der Münchner Hauptbahnhof ist ein Kopfbahnhof. Aus diesem Grund befinden sich die Abteile der ersten Klasse im ICE nach München auch grundsätzlich in Fahrtrichtung ganz vorne. Passiert genüsslich diese Abteile, zieht eure Rollkoffer hinter euch her und erwidert freundlich die Blicke der Fahrgäste, die hier sitzen. Auf diese Weise lernt ihr schon jetzt eine wichtige Spezies kennen, die euch in München vermutlich noch öfter begegnen wird.

Ein weiterer Vorteil der Anreise mit der Bahn wird gerade die Sparwütigen unter euch besonders erfreuen: Während die Autobahn-Raststätten-Firma Sanifair inzwischen 70 Cent für jeden Toilettenbesuch verlangt, sind die Toiletten der DB immer noch kostenlos! Ihr dürft diesen Umstand hemmungslos ausnutzen und so oft auf die Toilette gehen, wie ihr Lust habt. Im Gegensatz zum Autofahrer muss der Zug – auch das ist ein Vorteil der DB! – nicht jedes Mal anhalten, sondern fährt währenddessen einfach weiter. Toll!

Anreise mit dem Flugzeug

Reisenden aus sehr weit entfernten Ländern wie Ghana, Vietnam, Arizona oder Australien empfehle ich das Flugzeug als Transportmittel. Wenn ihr am Münchner Flughafen ankommt, solltet ihr so nett sein, ihn ein bisschen zu bewundern. Laut der Seite www.worldairportawards. com wurde er nämlich beim World Airport Award 2011 zum besten Flughafen Europas gekürt – wenn das nichts ist!

Der Flughafen hat diesen großartigen Preis mit Fug und Recht gewonnen. Zum einen trägt er einen wirklich originellen Namen: Er wurde nämlich nach dem für seine Offenheit und Toleranz bekannten CSU-Politiker Franz Josef Strauß benannt. Zum anderen liegt er so weit außerhalb der Stadt, dass sich für den Münchenbesucher eine 45-minütige Fahrt mit der S-Bahn anschließt. Und S-Bahn-Fahren – das ist in München ein Erlebnis für sich!

Vor der Fahrt, die für Fahrgäste aus anderen Gebieten Deutschlands etwa genauso lange dauert wie der Flug nach München, könnt ihr euch am Fahrkartenautomaten ein Ticket lösen. Der Fahrkartenkauf *vor* Fahrtantritt ist in München allerdings nicht obligatorisch, denn ihr könnt eure Fahrkarten auch direkt beim Kontrolleur kaufen. Sie haben dann praktischerweise einen Einheitspreis von 40 Euro und sind somit nur geringfügig teurer als am Automaten.

Möchtet ihr dennoch vor Fahrtantritt eine Fahrkarte erwerben, funktioniert das folgendermaßen: Am Fahrkartenautomaten (blau, groß) kauft man sich eine sogenannte Streifenkarte, von der für die Fahrt vom Flughafen in die Innenstadt von zehn vorhandenen Streifen genau acht (!) entwertet werden müssen. Die Entwertung des Tickets geschieht an einem weiteren Automaten (blau, klein), in dessen Schlitz man das Ticket schiebt. Macht der Automat »Kling!«, ist die Fahrkarte entwertet. Aber seid vorsichtig: Da das Entwerten so viel Spaß macht, erliegen viele Touristen der Versuchung, mehr Streifen als benötigt zu entwerten!

Anreise zu Fuß

Wenn ihr Lust habt, könnt ihr natürlich auch genauso gut zu Fuß nach München gehen. Gerade aus südlicher Richtung soll es einen sehr schönen Weg über die Alpen geben. Da die Anreise zu Fuß allerdings je nach Entfernung und Sportlichkeit der Besucher bis zu acht Monate dauern kann, ist Vorsicht geboten: Wenn ihr plant, bestimmte, saisongebundene Sehenswürdigkeiten Münchens zu besuchen (ich greife hier vollkommen willkürlich als Beispiel das Münchner Oktoberfest heraus), solltet ihr, um diese nicht aus Versehen zu verpassen, dringend darauf achten, dass ihr rechtzeitig losmarschiert.

Auf welche Weise ihr auch immer anreist, wichtig ist, dass ihr euch nach eurer Ankunft zum Stadtzentrum hin orientiert. Der zentrale Platz, auf den ihr zusteuern solltet, heißt Marienplatz. Von dort aus werde ich euch München zeigen.

Zum Marienplatz kommt ihr allerdings nicht mit der Bahn oder dem Auto, deshalb solltet ihr die letzte Strecke in jedem Fall mit S- oder U-Bahn zurücklegen. Der Preis der gelösten Fahrkarte wird euch vermutlich sehr erschrecken. Aber bleibt tapfer! Atmet tief durch, setzt euch in die Bahn und lest das nächste Kapitel.

Münchner
Farbnuancen

Von Reichtum & Schönheit

Heinrich und seine Nachfolger

Ich will aus München eine Stadt machen,
die Teutschland so zur Ehre gereichen soll,
dass keiner Teutschland kennt,
wenn er nicht auch München gesehen habe.

Ludwig I.

Mit einem schweren Rucksack auf dem Rücken habt ihr bereits Südamerika und Thailand bereist, seid durch die Armutsviertel von New York und Rom gestreift und durftet auf einer Safari in Afrika einem Löwen direkt in die Augen sehen. Jetzt endlich traut ihr euch mal was: Ihr fahrt nach München!

Wahrhaftig, das ist mutig. Immerhin braucht ihr euch als EU-Bürger kein Visum zu besorgen. Malaria- und Gelbfieber-Impfungen könnt ihr euch ebenfalls sparen. Und weil München als die sicherste Großstadt Deutschlands gilt, könnt ihr sogar guten Gewissens ganz allein hierherreisen. Ach, ihr wollt sogar längerfristig bleiben? Euch etwas aufbauen, eine Wohnung suchen und hier leben? Na, so ein Glück, dass ihr vorher dieses Buch gekauft habt! Denn ihr habt zu Recht eine Weile gezögert, bis ihr euch tatsächlich dazu entschlossen habt, nach München zu kommen.

Die Rede ist vom Lieblingsgerücht über diese Stadt. Ob ihr nun jemandem erzählt, dass ihr in München wohnt, dass ihr plant, dorthinzuziehen, oder dass ihr lediglich ein Wochenende in der bayerischen Hauptstadt verbringen wollt – mit sehr hoher Wahrscheinlichkeit wird euer Gegenüber genau Folgendes anmerken: »Schön soll es dort ja schon sein, aber München ist doch *so* teuer!«

Eigentlich erstaunlich, dass sich dennoch so viele Menschen nach München wagen. Ob Touristen oder Zugezogene – die Stadt kann sich nicht beklagen. Dabei hätte euer Gegenüber sogar Recht: Zumindest im Vergleich zu anderen deutschen Städten ist München tatsächlich teuer. Ob in Statistiken über Mietpreise, über die Fahrkartenpreise der öffentlichen Verkehrsmittel oder über Lebenshaltungskosten: München steht grundsätzlich ganz oben – und zwar noch vor Düsseldorf und Hamburg.

Die entscheidende Frage ist jedoch: Warum ist München denn überhaupt so reich?

Angefangen hat damals alles so: Heinrich war deprimiert. Kein Wunder, denn der Welfenherzog musste zusehen, wie der Bischof von Freising ein Stückchen weiter nördlich von Heinrichs kleiner Siedlung dickes Geld einheimste: Dank des Salzhandels überquerten dort Händler mit ihren Waren die Isarbrücke und mussten dafür beim Bischof Zoll bezahlen. Obwohl Heinrich in seiner Siedlung »Bei den Mönchen« ebenfalls eine Brücke über den Fluss gebaut hatte, wollte hier einfach nichts so recht vorangehen. Irgendwann hatte er es satt und ließ die Brücke seines Konkurrenten kurzerhand einfach abbrennen. So ein kleiner Schlingel, dieser Heinrich der Löwe!

Der Bischof von Freising beschwerte sich natürlich sofort, und zwar beim Kaiser Barbarossa, aber dieser stellte Heinrich lediglich die Bedingung, einen Teil des Zolls an den Bischof abzugeben. Der größere Teil jedoch blieb bei Heinrich und seiner neugegründeten Stadt München.

Der Name München leitet sich also von der Siedlung »Bei den Mönchen« ab, was jedoch in Anbetracht der Gründungsgeschichte ein wenig bescheiden klingt. Abgesehen davon waren die Mönche zu Heinrichs Zeiten vermutlich schon längst abgewandert. »Bei dem Gierigen« wäre also irgendwie passender gewesen. Aber gut, dachte sich damals vermutlich auch schon Heinrich, »München« klingt einfach viel hübscher und ästhetischer als »Girgen«.

Bei der Gründung von München im Jahre 1158 wurden also bereits zwei symbolische Grundsteine gelegt, die bis heute für die Stadt und ihre Einwohner gelten: Was hier zählt, sind Geld und Ästhetik.

Heinrich wurde irgendwann geächtet, doch der Reichtum und der Sinn für das Schöne blieben. Sicher, es gab zwischendurch ein paar schwierige Phasen. Im Mittelalter hat die Pest auch in München gewütet und die Stadt zeitweise arm und hässlich gemacht. Aber spätestens die Könige im 19. Jahrhundert (allen voran Ludwig I.) haben mit Palästen, großartigen Museen, einer prachtvollen Universität und neuen Straßen für die jetzige Schönheit der Stadt gesorgt. Und der Prinzregent Luitpold, der ihnen vor der Jahrhundertwende folgte, kurbelte neben dem kulturellen auch den wirtschaftlichen Aufschwung an. Selbst die märchenhaft hohen Ausgaben von Ludwig II. konnte die Stadt verkraften.

Als sich diese ein paar Jahrzehnte später als »Hauptstadt der Bewegung« rühmte, wurde weitergebaut und weitergeprotzt. Und obwohl im Zweiten Weltkrieg 60.000 Sprengbomben und 50.000 Brandbomben etwa die Hälfte der gesamten Bausubstanz der Stadt zerstörten, berappelte sich München viel leichter als so manch andere deutsche Stadt. Weil man hier schon seit so langer Zeit viel Wert auf Ästhetik legte, wurde versucht, die Stadt möglichst originalgetreu wiederherzustellen. Großunternehmen wie Siemens, BMW und MAN trugen erheblich zum wirtschaftlichen Aufschwung bei. München wurde so zu einer der wichtigsten Industriestädte der Bundesrepublik. Angelockt durch die Lage und die neu erblühte Schönheit der Stadt zogen zahlreiche Unternehmen der Dienstleistungsbranche, Versicherungen und Banken nach. Das Geld plätscherte nur so.

Inzwischen sind sieben DAX-Unternehmen in München ansässig. Die bayerische Metropole ist ein bedeutender Messestandort, nach New York existieren in München weltweit die meisten Verlage und die Fernseh- und Filmindustrie ist ebenfalls stark vertreten. Geld bringen natürlich auch der FC Bayern, das Bier im Allgemeinen und das Oktoberfest im Speziellen. Überhaupt läuft der Tourismus glänzend. München kann sich die Maximilianstraße leisten, eine der wichtigsten Luxusmeilen in ganz Europa, und die wiederum macht täglich zwei Millionen Euro Umsatz.

Und so kommen wir zu unserem Hauptproblem zurück: Wenn eine Stadt dermaßen schön und reich ist, ist sie nun einmal auch teuer. Und dabei rede ich nicht nur von den Chanel-Kleidchen und Armani-Armbändchen in der Maximilianstraße, sondern auch von ganz profanen Dingen wie einem Kinobesuch, dem Frisör, dem U-Bahn-Ticket, dem WG-Zimmer, dem Käse und dem Kaffee.

Auch deutschlandweit vertretene Handelsketten passen in München ihre Preise gerne an die allgemeinen Lebenshaltungskosten an. Die Fitnesscenter-Kette *Fitness First* geht dabei besonders subtil vor: Ihre Preise richten sich offiziell nicht nach dem finanziellen Standard der Städte, sondern nach unterschiedlichen Clubkategorien. So wird der höherwertigere, aber natürlich auch teurere Club in Berlin nur zweimal angeboten, in den wohlhabenden Städten Düsseldorf und München hingegen dreimal. Stehen diesem Angebot in Berlin aber immerhin sieben Clubs der günstigeren Kategorie gegenüber, finden wir davon in Düsseldorf nur noch zwei, in München interessanterweise jedoch keinen einzigen. In München ein günstiger Club? Also bitte!

Warum sich so viele Münchner diese Preise leisten können, liegt natürlich auf der Hand: Wir verdienen hier ziemlich gut. Der gleiche Job wird in München besser bezahlt als anderswo in Deutschland. Abgesehen davon gibt es hier viele Arbeitgeber und damit auch viele Arbeitsangebote. Einen Job für 3,50 Euro die Stunde würde ein Münchner im Leben nicht annehmen! Die Berliner tun's. Kein Wunder, sie freuen sich ja auch darüber, dass die Arbeitslosenquote auf 13,6 Prozent gesunken ist (Mai 2011). Die Münchner Arbeitslosenquote ist in diesem Monat ebenfalls gesunken, allerdings liegt sie jetzt bei läppischen 4,2 Prozent.

Jawohl, wir Münchner sind wohlhabend, auch wenn das hier nur wenige zugeben würden. »Aber

Moment mal!«, werden sie sagen. »Natürlich verdienen wir in München mehr, aber dafür sind ja unsere Lebenshaltungskosten auch viel höher. Im Endeffekt geht's uns also genauso wie allen anderen auch.«

Das hört sich fabelhaft einfach und richtig an, trifft jedoch längst nicht auf alle Münchner zu. Denn trotz der hohen Lebenshaltungskosten können sich auffallend viele Einwohner dieser Stadt noble Autos, edle Kleidung und exquisite Cocktails leisten. Und auch die Auslastung der besagten *Fitness-First*-Studios ist nach Angabe der Pressesprecherin hier ganz ungewöhnlich hoch. Wir leisten uns Trendsport, schicke Karossen und Lifestyle – na ja, zumindest ein nach außen hin sichtbarer Teil von uns.

Wundert euch also nicht, dass ihr hier einfach in den Bus einsteigen dürft, ohne vorher dem Fahrer eure Fahrkarte gezeigt zu haben – er vertraut euch! Fragt euch nicht, ob die Münchner noch ganz normal sind, wenn ihr beobachtet, wie sie sich Zeitungen aus Zeitungskästen herausnehmen und tatsächlich dafür ganz brav einen Euro einwerfen. Die *Abendzeitung* kostet zwar nur 80 Cent, aber *mei*, die paar Pfennige – *is a scho wurscht!* Und diejenigen, die gerade kein

Geld parat haben, fallen unter den anderen gar nicht auf ...

Es gibt übrigens auch Münchner, die den Reichtum ihrer Stadt auf andere Gründe zurückführen als auf BMW, die Medien und das Bier. Der Waffenhandel etwa wird an dieser Stelle gern angeführt oder aber auch die Tatsache, dass der Oberbürgermeister jedes Jahr am Aschermittwoch den Geldbeutel im Fischbrunnen vor dem Rathaus auswäscht.

Aber lasst euch von all dem nicht allzu viel Angst einjagen: Bisher sind die wenigsten Münchenbesucher arm geworden. Irgendwie geht's ja dann komischerweise doch immer. Und wenn man nicht schon so sagenhaft viel von dem Reichtum Münchens gehört hätte, hätte man womöglich auch gar nichts von ihm mitbekommen! Denn wenn ihr bei Freunden übernachtet, ist das hier genauso umsonst wie anderswo auch. Touristenangebote sind in anderen Städten ebenso überteuert wie hier. Wenn ihr ein bisschen danach sucht, findet ihr auch hier *Aldi* und *Lidl*. Und Fahrradfahren und Spazierengehen ist selbst im teuren München kostenlos – und abgesehen davon viel schöner als Auto- und U-Bahn-Fahren.

**Wo München ausnahmsweise nicht nur
schön, sondern auch noch günstig ist**

* Auf den **Hofflohmärkten**, die in sechs Vierteln organisiert werden, verkaufen die Anwohner ihre Schätze in den eigenen Gärten und Hinterhöfen.
  Infos unter: www.hofflohmaerkte.de
* Bei den Mittags- und Ladenschlusskonzerten im *Gasteig* könnt ihr für lächerlich wenig Geld höchste musikalische Genüsse erleben.
* In der *Suppenküche* auf dem sehr sehenswerten, aber sonst eher teuren Viktualienmarkt bekommt man gutes und sehr günstiges Essen.
* Vier große Museen – die **Alte Pinakothek** und die **Neue Pinakothek**, die **Pinakothek der Moderne** und das **Museum Brandhorst** – kosten jeden Sonntag nur einen Euro Eintritt!
* Im italienischen Restaurant *Pasta e Basta* (Fraunhoferstraße 19, Amalienstraße 87, Feilitzschstraße 23 – hier heißt es *Pepe Nero*) gibt es leckere Pizzas ab 3,25 Euro.
* Im **Müller'schen Volksbad** können Frühaufsteher (von 7:30–10:00 Uhr) und Spät-ins-

Bett-Geher (von 21:30–23:00 Uhr) für nur 2,70 Euro unter einem prachtvollen Jugendstil-Gewölbe schwimmen.

* In der beliebten Traditionsbäckerei *Hofpfisterei*, von der es in München immerhin 94 Filialen gibt, werden eine halbe Stunde vor Ladenschluss alle übrig gebliebenen Brot- und Backwaren 40 Prozent günstiger verkauft.

* Die **Partner-Tageskarte des MVV** kostet 9,80 Euro und ist für bis zu fünf Personen gültig. Wenn man also vier Mitfahrer findet und gerecht teilt, können alle für nur 1,96 Euro den ganzen Tag lang im Innenraum des Münchner Nahverkehrsnetzes S-, U-Bahn und Tram fahren und dabei nicht nur ein paar außergewöhnliche U-Bahn-Stationen, sondern auch die unterschiedlichsten Münchner entdecken!

Please photo thanks

Die Touristen

Ich nehme an, ihr habt inzwischen den Mittel-punkt von München erreicht. Wenn sich scha-renweise Menschen um euch drängen, die sich aufgeregt in unterschiedlichen Sprachen unter-halten und dabei auf den Turm eines imposanten Gebäudes zeigen, dessen Fassade mit zahlreichen Figuren und Ornamenten geschmückt ist, seid ihr richtig: Ihr steht auf dem Marienplatz.

Guckt sie euch an, unsere vielen Touristen!

Sie kommen vorrangig aus anderen Teilen Deutschlands, aber auch aus den USA, Itali-en, der Schweiz, Japan, Sri Lanka oder Schwe-den und wollen die Stadt sehen, die in so vielen

Rankings zur schönsten und attraktivsten Stadt Deutschlands gekürt worden ist. Sie möchten den weißblauen Himmel bewundern, Kultur genießen oder dem Oktoberfest frönen. Sie bleiben ein Wochenende lang, mieten sich in ein schickes Hotel in der Altstadt ein (wenn schon, dann auch richtig!), haben einen spitzenmäßig lehrreichen Münchenführer wie *Die zehn wichtigsten Sehenswürdigkeiten der bayerischen Hauptstadt* oder *Das perfekte verlängerte Wochenende in München* griffbereit in der Handtasche und arbeiten daraufhin ihr Programm ab.

Pünktlich um zehn vor elf stehen sie an ihrem ersten Vormittag grundsätzlich am Marienplatz. An keinem anderen Ort in München und zu keiner anderen Zeit kann man die Touristen auf so einfache und schnelle Art und Weise von den Münchnern unterscheiden: Die Münchner gehen weiter. Die Touristen hingegen sind stehen geblieben, legen nun ihren Kopf in den Nacken, heften ihre Augen gespannt auf den Turm des Neuen Rathauses und warten. Und warten. Denn auch, wenn sie in ihrem spitzenmäßig lehrreichen Münchenführer gelesen haben, dass das großartige Spektakel des Glockenspiels im Rathausturm erst um Punkt elf beginnt, starren sie schon zehn Minuten vorher nach oben – man weiß ja nie!

Bei einer so hohen Erwartungshaltung kann selbst der schlichteste Geist nur enttäuscht werden. Aber weil man ja gerne die Errungenschaften fremder Kulturen wertschätzen möchte und auch genau deshalb den weiten Weg von Emmendingen oder Lichtenfels nach München angetreten hat, reagiert der Wochenendbesucher verzückt bis geradezu kindlich begeistert, wenn der erste Ton vom Turm herab erklingt und sich schließlich auch die Figuren des Glockenspiels zu drehen beginnen. Aber was sind das denn eigentlich für Figuren, die sich dort drehen? Und was genau tun sie? Das Glockenspiel befindet sich leider so weit oben, dass man es mit bloßem Auge kaum erkennen kann. Also wird der Münchenführer gezückt und aufgeregt darin herumgeblättert, bis endlich die richtige Seite gefunden wurde: »Dargestellt werden hier Szenen der Münchner Stadtgeschichte: Im oberen Teil des Erkers sehen wir ein Ritterturnier, das anlässlich der Hochzeit des Herzogs Wilhelm V. mit Renata von Lothringen 1568 auf dem Marienplatz abgehalten wurde. Im unteren Stockwerk sehen wir den Schäfflertanz, der aus Dankbarkeit für das Ende der Pestzeit 1515–1517 aufgeführt wird.«

Aha. Sie sehen wieder hinauf zum Turm, doch – ach, so etwas Dummes aber auch – der Spuk ist schon wieder vorbei.

Das Glockenspiel, das übrigens mit Solarstrom betrieben wird, wurde 2007 restauriert. Zahlreiche Münchner haben sich an einer Spendenaktion für diese Restaurierung beteiligt. Alle 43 Glocken wurden saniert, gereinigt und nach knapp hundert Jahren erstmals wieder neu gestimmt. Vermutlich konnten die Anwohner die schiefen Töne nicht mehr hören, die immerhin täglich zweimal, im Sommer sogar dreimal erklingen.

Um diesen einzigartigen Moment in ihrem Leben für immer festzuhalten, strecken viele der Touristen ihr Handy in die Höhe, um vom Glockenspiel einen Kurzfilm aufzuzeichnen, den sie dann – zurück in der Heimat – garantiert kein einziges Mal mehr ansehen werden. Kein Wunder, denn auch die beste Kamera macht eine schlechte Perspektive nicht wett. Und leider hat ihnen ihr spitzenmäßig lehrreicher Münchenführer nicht mitgeteilt, dass sie einen viel schöneren Blick auf das Glockenspiel hätten haben können, wenn sie sich in den vierten Stock des gegenüberliegenden Hugendubel begeben hätten.

Meistens folgt auf dieses sensationelle Anfangsspektakel des Münchentrips ein Spaziergang durch die Fußgängerzone, die Kaufingerstraße entlang in Richtung Frauenkirche – hin zum nächsten großen Ziel. Schon möglich, dass die Touris vorher in dem einen oder anderen Geschäft hängenbleiben, an dem sie vorbeikommen. Denn interessante und originelle Bekleidungs- und Schuhgeschäfte wie *Deichmann*, *Mango*, *H&M*, *Pimpkie*, *Orsay*, *H&M*, *Tretter*, *C&A* und *H&M* zeugen von der Vielfalt und Unverwechselbarkeit dieses Shopping-Areals! Das bunte Bild wird abgerundet von *Kaufhof*, *Douglas* und einem Geldautomaten der Deutschen Bank.

Doch auch wenn diese einmalige und ureigene Mischung an Geschäften in der Kaufingerstraße zu einer kleinen Shoppingtour einlädt, müssen unsere mit München noch wenig vertrauten Besucher dringend Vorsicht walten lassen: An keinem anderen Ort in dieser Stadt gilt das Recht des Stärkeren wie hier! Mit 4.313 Einwohnern je Quadratkilometer hat München die höchste Bevölkerungsdichte aller deutschen Großstädte. Und hier in der Kaufingerstraße tummelt sich neben Münchnern und Touristen außerdem das halbe Münchner Umland. Gerade an Freitag-

und Samstagnachmittagen quetschen sich die Massen aneinander vorbei und versuchen, Meter für Meter weiter vorzudringen. Asthmaanfälle und schwere Prellungen sind hier schon zum Normalfall geworden.

Falls unsere Touristen es geschafft haben sollten, lebend an der Frauenkirche anzukommen, werden sie den Innenraum des Gotteshauses betreten und sich so ehrfürchtig und demutsvoll verhalten, als stünden sie in der Notre-Dame de Paris oder gar in Gaudis Sagrada Família in Barcelona. Immerhin, die Frauenkirche ist *das* Wahrzeichen Münchens! Und wie freuen sie sich dann erst, wenn sie unter der Orgelempore den Fußabdruck entdecken, der in ihrem Münchenführer als eine Spur des Teufels beschrieben wird!

Der böse Beelzebub hat in München nämlich schwer gewütet, lesen sie in ihrem Büchlein. Weil die Kirche in sehr kurzer Zeit entstehen sollte und der Baumeister Ganghofer befürchtete, dies nicht bewerkstelligen zu können, schloss er kurzerhand einen Pakt mit dem Teufel. Als die Kirche nach tatsächlich nur 20 Jahren fertig gebaut worden war, bekam der Teufel große Lust sie zu zerstören. Doch als er in das Gotteshaus kam, verdeckten die seitlichen Säulen die Fenster, sodass er fälschlicherweise annahm, der Baumeister hätte die Fenster vergessen. Und weil er davon ausging, dass man in einer Kirche ohne Fenster gar nicht beten könne, hielt er es nicht mehr für nötig, sie zu zerstören. Stattdessen lachte er laut, stampfte vor Freude einmal fest mit dem Fuß auf und zog von dannen. (Es gibt übrigens auch die Variante, in der der Teufel vor Wut mit dem Fuß aufstampft, als er die Fenster schließlich doch entdeckt. Ich halte jedoch die zuerst beschriebene Version für psychologisch ausgereifter.)

Natürlich erzählt der Münchenführer unseren Touristen nur blanken Unsinn! Die wahre Geschichte des Fußabdrucks ist meines Erachtens folgende: Der Ober-Baumeister Ganghofer betrachtete sein Werk nach der Fertigstellung stolz, denn es sollte das Wahrzeichen der Stadt werden. Die beiden Türme, die die Kirche heute so berühmt machen, hatten damals jedoch noch nicht ihre nekische Zwiebelform. Und der Innenraum, so stellte Ganghofer nun etwas nervös fest, war doch recht banal ausgefallen. Wie sollte dieses Bauwerk mit der Notre-Dame de Paris mithalten oder mit einer herrlich prachtvollen Kirche, die eventuell ein paar Jahrhunderte später in Barcelona erbaut werden könnte? Aus Wut stampfte der

Ober-Baumeister fest mit dem Fuß auf und erschrak sehr, als er sah, dass er aus Versehen einen Fußabdruck im schönen neuen Boden hinterlassen hatte. Da kam ein gewitzter Unter-Baumeister daher und rief: »Herr Ganghofer, das ist die Lösung! Wir behaupten einfach, der Teufel wäre es gewesen! Die Leute sind hier katholisch und lieben Teufelsgeschichten. Damit ziehen wir mit Sicherheit viele Besucher an!« Da freute sich der Ober-Baumeister Ganghofer gar sehr, und wenn er nicht gestorben ist, so lebt er noch heute. In Wirklichkeit hieß Ganghofer übrigens Jörg von Halspach, ist bereits 1488 gestorben und trug Schuhgröße 43.

Auf den Besuch der Frauenkirche folgt die Führung durch die Residenz und schließlich ein Spaziergang durch den Südteil des Englischen Gartens. Dieser ist zwar recht reizvoll, jedoch nicht annähernd so bezaubernd schön wie der den meisten Touristen unbekannte Nordteil des riesigen Parks. Die Bäume wirken dort wilder und dichter, das Gras darf höher wachsen und man findet problemlos ein Plätzchen, wo man seine Ruhe hat.

Am Abend folgen noch ein Besuch im berühmten Nationaltheater, *Carmen* vielleicht oder gar eine vierstündige Wagner-Oper, und anschließend frühes Zubettgehen. Denn am zweiten Tag in München wird morgens die Alte Pinakothek besucht, die als eine der größten Gemäldegalerien der Welt gilt, und vielleicht schaut man auch noch schnell in die Neue hinein, denn so haben unsere Touristen gleich alles in einem Aufwasch erledigt.

Am Nachmittag fahren sie schnell zum Olympiapark, um den Blick vom Olympiaturm auf die Stadt zu genießen, der in ihrem Münchenführer so hoch gelobt wird. Dass man am Wochenende dort in einer langen Schlange auf den Aufzug warten muss, angewiesen wird, sich bitte nicht zu lange auf der Plattform aufzuhalten und oben den Blick durch die Gitterstäbe mit einer Horde weiterer Touristen teilen muss, wurde im Führer leider nicht erwähnt. Und dass das viel gepriesene Restaurant dort oben ebenfalls überfüllt und die Preise heillos überteuert sind, hat der Führer, den die Besucher inzwischen mit leichter Skepsis betrachten, ebenfalls verschwiegen. Glücklicherweise wissen sie nicht, dass es so viel herrlicher gewesen wäre, sich stattdessen mit einer Decke und Proviant ausgerüstet auf den Hügel im Schwabinger Luitpoldpark zu setzen, wo man – wenn auch nicht von ganz so weit oben – ebenfalls einen wunderbaren Blick auf München hat, gemütlich zwischen Bäumen im Gras sitzt, und das meistens sogar ganz alleine! Sonst würden sich unsere Touristen nämlich spätestens jetzt richtig ärgern.

Zum Abschluss ihres grandiosen München-Wochenendtrips gehen sie natürlich noch ins legendäre Hofbräuhaus, um dort noch eine, zwei oder drei echte bayerische Maß zu trinken. Sie lassen sich ihre ausgelassene Stimmung nicht davon verderben, dass Adolf Hitler 1920 in diesem Wirtshaus vor 2.000 Menschen die NSDAP gründete, und dass hier ein Jahr darauf eine blutige Saalschlacht zwischen der SA und NSDAP-Gegnern stattfand, denn davon hat ihnen ihr Führer wohlweislich nichts berichtet. Auf die eigentlich recht naheliegende Idee, dass so ziemlich jedes andere Wirtshaus dieser Stadt münchnerischer und weniger amerikanisch-japanisch ist als dieses, sind sie allerdings auch nicht gekommen.

Ja, unsere Münchenbesucher sind im wahrsten Sinne berauscht und voll neuer Eindrücke, sie haben viel gesehen von der Hauptstadt Bayerns – viel mehr als so mancher Einwohner der Stadt! Denn wie viele Münchner – wenn sie nicht gerade Historiker und Kunstwissenschaftler sind – haben sich nicht nur vorgenommen, endlich einmal den guten alten Rubens oder das Antiquarium zu besuchen, sondern haben es tatsächlich bereits getan?

Unsere fleißigen Wochenendtouristen hingegen kennen jetzt nicht nur Rubens' *Helene Fourment im Brautkleid*, sondern auch Giottos *Letztes Abendmahl*, Dürers *Vier Apostel* und das Tonnengewölbe in der Residenz! Sicher, für das Kartoffelmuseum und das Valentin-Karlstadt-Musäum (ja, so schreibt man das!) hat die Zeit leider nicht mehr gereicht, aber das andere war eben wichtiger. Für den Biergarten war das Wetter zu schlecht. Und ein Besuch im legendären Viertel Schwabing hätte sich sowieso nicht gelohnt, weil es gar nicht mehr das ist, was es einmal war.

Das haben sie nämlich ebenfalls in ihrem spitzenmäßig lehrreichen Führer gelesen. So wie auch, dass die Frauenkirche 1494 eingeweiht worden ist und Friedrich von Gärtner die Staatsbibliothek, die Ludwigskirche, die Universität, die Feldherrnhalle und das Siegestor entworfen hat. Und selbst, wenn sie dieses Wissen bereits am Tag ihrer Rückkehr in die heimischen Gefilde schon wieder vergessen haben sollten, tragen sie dennoch das stolze Gefühl in sich, jetzt

München zu kennen. Aber genau hier irren sie in einem entscheidenden Punkt. Denn in Wirklichkeit haben sie kaum etwas gesehen. Wenn man München kennenlernen will, sollte man sich auf die Münchner konzentrieren und nicht auf die Bauwerke, die deren Herzöge und Könige vor Hunderten von Jahren errichtet haben.

Ob nun legendär oder nicht: Anstatt die ausgetretenen Trampelpfade der Norm-Touristen abzuklappern, lade ich euch dazu ein, mit mir nach Schwabing zu kommen – in eine Straße, in der sich relativ selten Touristen herumtreiben, aber dafür jede Menge Münchner. Inzwischen ist zwölf Uhr Mittags vorbei, für das Glockenspiel ist es ohnehin zu spät. Verlasst also den übervollen Marienplatz, steigt dort in die Linie U3 oder U6, fahrt genau vier Stationen und steigt an der Münchner Freiheit wieder aus. Bis gleich!

Tourismus in München

Im Jahr 2010 hatte München fünfeinhalb Millionen Übernachtungsgäste in Hotels oder Gasthäusern zu verzeichnen. Über drei Millionen von ihnen kamen aus Deutschland, knapp 343.000 aus den USA, 255.000 aus Italien und immerhin schlappe 1.639 aus Zypern. Die durchschnittliche Verweildauer der Gäste betrug zwei Nächte.

In München leben 1.382.000 Menschen. Wenn das Tourismusamt richtig gerechnet hat, hielten sich im Jahr 2010 jeden Tag zusätzlich durchschnittlich 287.000 Gäste in München auf – das sind mehr Menschen, als in Augsburg oder Wiesbaden leben! Die Münchenbesucher prägen das Bild also fast ebenso entscheidend mit wie die insgesamt 317.000 in München lebenden Ausländer.

Für die bayerische Landeshauptstadt hat die hohe touristische Nachfrage eine große wirtschaftliche Bedeutung: Der touristisch bedingte Umsatz liegt derzeit bei rund 6,7 Milliarden Euro pro Jahr! Somit ist der Großraum München neben Berlin die stärkste touristische Metropolregion Deutschlands.

Bunt, bunter, am buntesten

Der Münchner an sich

Herzlich willkommen in Schwabing, oder genauer gesagt: in Altschwabing, dem schönsten und interessantesten Viertel von ganz München!

Ich weiß das, denn ich wohne hier. Na gut, natürlich gibt es auch noch andere schöne und interessante Viertel in München, aber Altschwabing ist mit Sicherheit das bunteste. Wer Villen von wohlhabenden Menschen besichtigen möchte, dem empfehle ich einen Ausflug nach Bogenhausen. Für eine Kneipentour im hippen München wünsche ich euch viel Spaß im Glockenbachviertel. Wenn ihr zum Studium nach München ziehen wollt, sucht euch am besten eine kleine unsanierte WG im Westend. Noch billiger wird es im Hasenbergl, einem der sozialen Brennpunkte der Stadt. Und wer sich einmal als Geschäft oder Sehenswürdigkeit versuchen möchte, dem empfehle ich die Innenstadt.

Schwabing ist bekannt als das Künstlerviertel von München. Um die vorletzte Jahrhundertwende herum war es das auch tatsächlich. Zwar wohnen hier noch immer Künstler, aber sie sind schon seit Langem nicht mehr alleine.

Die Feilitzschstraße, in die ich eben abgebogen bin, führt von der Münchner Freiheit über den Wedekindplatz direkt in den Englischen Garten. Sie wurde nach dem bayerischen Staatsminister des Inneren Maximilian Alexander von Feilitzsch (1834–1913) benannt, der als konservativ gesinnter Reorganisator des Polizeiwesens galt. Er würde sich wundern, wenn er wüsste, was heute in seiner Straße vor sich geht!

»Ey krass, bin voll pleite!«, ruft ein Halbstarker mit Gelfrisur, dessen zerrissene Jeans auf dem Boden schleifen. Ein neckisches Goldkettchen ziert seinen Hals. Er steht mit seinen zwei Freunden an der türkischen Imbissbude und spuckt seinen Kaugummi in hohem Bogen auf den Bürgersteig.

Eine alte Frau mit Stock läuft kopfschüttelnd an ihm vorbei. Die Jungs grinsen.

Die Imbissbude wirbt mit einem Schild, auf dem »Pizza, Kebab, Bratwurst« steht. Ein Blick auf die beleuchteten Bilder der Bude zeigt, dass man hier außerdem indisches Pakora und chinesische Frühlingsrollen bestellen kann.

Eine junge blonde Frau mit strengem Pferdeschwanz, großer Sonnenbrille und enger, ebenfalls zerrissener Jeans steigt aus ihrem glänzenden roten Golf, der eben neben mir geparkt hat. »Neiiin!«, quakt sie in ihr Handy. »Das Hellblaue geht ja *gar* nicht!« Sie knallt die Autotür zu, woraufhin sich die Jungs an der Dönerbude nach ihr umdrehen. Auf silberfarbenen Highheels trippelt sie auf eine Designer-Boutique zu, die sich direkt neben der Imbissbude befindet. Ihr süßliches Parfum vermischt sich in meiner Nase mit dem Bratengeruch der nächsten türkischen Imbissbude, an der drei Männer in ausgewaschenen Jogginghosen lehnen, eine Bierflasche in der einen Hand, ein Stück Pizza in der anderen.

Und da ist ja auch schon die *Schwabinger Sieben*! Unter Münchnern oft einfach nur »Die Sieben« oder »Schwasi« genannt, zählt sie trotz oder gerade wegen ihres schäbigen und verlotterten

Zustandes zu den berüchtigtsten Kneipen der Stadt: Sie gehört zu den wenigen, die bis in die Morgenstunden geöffnet haben. Die Außenwand ist mit einem bunten Graffito besprüht, das eine Maus mit einem Bierglas in der Pfote zeigt. An der Tür hängt ein bedrucktes Schild mit der Aufschrift: »Rettet die Münchner Freiheit!« Darunter hat jemand mit Edding notiert: »Ist zu spät. Rettet euch lieber selbst.« Wenn man die *Schwabinger Sieben* abends oder nachts betritt, kommt man durch einen schmalen Gang in einen sehr engen und dunklen Innenraum. Die Musik ist laut, auf die Holztischplatten wurden im Laufe der letzten Jahrzehnte Namen geschnitzt wie »Paul und Tina« und »Lisa und Christian«.

Seit ein paar Monaten ist die Kneipe jeden Abend gerammelt voll. Ihr Kultstatus ist vermutlich auf dem Höhepunkt angekommen: Sie soll abgerissen werden. Nicht nur sie, sondern auch das ebenfalls in die Jahre gekommene *Monopol-Kino* nebenan, das Nagelstudio und einer der Imbissläden sollen hier verschwinden. Das Rettet-die-Münchner-Freiheit-Plakat an der Tür der *Schwabinger Sieben*, das auch an den Fenstern des Kinos und des Nagelstudios klebt, wurde von Bürgerinitiativlern dort aufgehängt. Auch zahlreiche Demonstrationen und Kulturveranstaltungen werden von ihnen organisiert, um den Abriss zu verhindern. Doch wenn ich den Tatendrang der Bauunternehmer richtig einschätze, wird deren Vorhaben beim Erscheinen dieses Buches bereits in die Tat umgesetzt worden sein. Denn wie ihr bereits dank unserer Touristen und der Geschichte der Frauenkirche wisst, sind die Münchner Baumeister ganz besonders fix. Der Besitzer des Grundstücks will Graffiti und Kebab durch weitere Edel-Boutiquen und 30 Luxuswohnungen ersetzen. Die Feilitzschstraße, die im ewigen Streit zwischen Schmuddel und bourgeoisem Glamour liegt, wird sich ein Stück weiter hin zu Letzterem bewegen. Neu-Münchner mit gut bezahlten Jobs werden in die Luxuswohnungen einziehen, und wenn sie ihr Fenster öffnen, werden sie auf die Marmorfassade der bereits vor ein paar Jahren neugebauten Feilitzschhöfe blicken, die auf der anderen Straßenseite liegen. Durch die großen Glasscheiben werden sie die Oberkörper von hüpfenden und wippenden Männern und Frauen beobachten können. Und vermutlich werden genau diese Neu-Schwabinger aus den 30 Luxuswohnungen schon ein paar Wochen später ebenfalls begeistert das Fitnessstudio *Fitness First* besuchen.

Aber, Herr Minister a.D. Feilitzsch, Sie haben sich zu früh gefreut: Ein lupenreines Luxuskiez wird die Feilitzschstraße auch dann nicht werden! Ich komme an einem *McDonald's* vorbei, an dessen Tischen Menschen in abgewetzter Kleidung neben grölenden Jugendlichen sitzen, die Pommes, Big Macs und Chicken McNuggets in sich hineinstopfen und durch Strohhalme Mango-Maracuja-Milchshakes schlürfen.

Am Wedekindplatz sitzen drei Obdachlose auf einer Bank. Ihre Haare sind grau und verfranst, in ihren Händen halten sie Bierdosen. Hinter dem Wedekindplatz zweigt die Occamstraße ab, in deren Eckhaus vor etwa einem Jahr eine weitere Boutique eröffnet hat. Das Ladengeschäft im Haus nebenan steht leer. Die Bar *Gala*, die sich hier vor ein paar Monaten eingenistet hatte, wurde bereits wieder geschlossen. Weiße Plastikstühle und -tische drapierten sich um eine ebenfalls weiße Bar, die Atmosphäre war kalt bis gefroren, die Musik plärrte bizarr bis scheußlich. Auch der geschmackloseste Münchner war für dieses Bar-Konzept nicht geschmacklos genug.

Oh, da vorne rennt ja Martina Schwarzmann! Mit ihren Kabarett-Abenden füllt sie in München regelmäßig den Circus Krone, aber heute

Abend spielt sie die Vorpremiere ihres neuen Programms im Lustspielhaus, das sich ebenfalls in der Occamstraße befindet – direkt neben einem sehr gemütlichen tibetischen Restaurant übrigens und dem legendären Vereinsheim, das Fußballclub und Kleinkunstbühne in sich vereint.

Ein schwarzer Porsche biegt um die Ecke und kommt mitten auf der Straße quietschend zum Stehen. Die Scheibe auf der Fahrerseite schiebt sich nach unten, laute Techno-Musik dröhnt aus dem Auto. »Sorry!«, schreit der Fahrer, bevor er mit seinem Freund und den zwei Girls auf der Rückbank seinen Weg wieder aufnimmt. »Seid's damisch g'worn?«, höre ich noch Martina Schwarzmann schreien, die jetzt zitternd vor dem Lustspielhaus steht und gerade wohl für ein paar Sekunden dachte, sie müsste ihre Vorpremiere ins Krankenhaus verlegen.

In diesem Moment überholen mich die drei Männer, die eben noch an der Dönerbude ein Stück Pizza gegessen hatten. Jetzt kehren sie zurück in die *Hopfendolde*, ihre Stammkneipe, die sich ein Stück weiter hinten in der Feilitzschstraße befindet. Ich spähe durch die offene Tür und entdecke dort einen Mann am Glücksspielautomaten und zwei weitere, die an der Theke sitzen und Bier trinken. Nebenan betritt ein alter Mann mit Stock ein Sanitätsfachgeschäft, in dem man Kompressionsstrümpfe und Wärmewäsche kaufen kann.

Ich komme an einem Tattoo- und Piercing-Studio vorbei, an dem italienischen Restaurant *Pepe Nero*, einer Cocktailbar und schließlich an einem Antiquitätengeschäft, vor dem ein altes Schaukelpferd steht. Die Besitzerin, stark geschminkt, vielleicht Mitte sechzig, kommt gerade auf ihren goldfarbenen Stöckelschuhen heraus und klebt ein Schild auf ihr Schaufenster: Räumungsverkauf.

Vor meiner Lieblingsbäckerei *Butterbrot* isst an einem kleinen Holztisch ein junges Paar Karottenkuchen. Gegenüber sitzen schick gekleidete Männer und Frauen im Restaurant *Seerose*. Eine junge blonde Frau mit strengem Pferdeschwanz und großer Sonnenbrille rutscht in ihrem hellblauen Minikleid nervös auf ihrem Stuhl herum. Sie wartet wohl auf ihre beste Freundin, die eben noch schnell in eine Boutique wollte und mit der sie sich hier zum Essen verabredet hat. »Mein Agent meinte, das Assessment-Center dürfte kein Problem werden«, höre ich, als ich an der *Seerose* vorbeilaufe, und:

»Das Meeting der Key-Account-Manager ist leider verschoben worden.« Man hat den Eindruck, dass das affektierte Gehabe von ein paar Figuren aus den *Buddenbrooks*, denen Thomas Mann vor über hundert Jahren in genau diesem Haus den letzten Feinschliff gegeben hatte, sich auf das heutige Publikum dieses Restaurants übertragen hat.

Am Ende der Feilitzschstraße gelange ich über eine Seitenstraße nach Sankt Moritz. St. Moritz ist eigentlich ein Skiort in den Alpen, aber auch der gleichnamige Kiosk, vor dem ich nun stehe, erinnert ein wenig an eine Skihütte. Die Kerzenromantik vorne und die Liegestühle auf dem aufgeschütteten Sand an der Seite passen allerdings so gar nicht zu dieser alpinen Atmosphäre. Die Münchner kommen hierher, um sich gleich drei ihrer größten Sehnsüchte auf einmal zu erfüllen: Berge, Gemütlichkeit und Strand. Dementsprechend sehen die Menschen, die hier sitzen oder liegen, auch sehr glücklich und entspannt aus. Vielleicht sind sie nach einem Spaziergang im Englischen Garten gleich nebenan hier gelandet.

Zurück in der Feilitzschstraße überholt mich ein Mann im Anzug, der Richtung Münchner

Freiheit hastet. Als er an der Dönerbude vorbeikommt, höre ich ihn plötzlich fluchen. Er bleibt stehen und fummelt mit einem Taschentuch an seinem Schuh herum. Er ist wohl versehentlich in einen frisch ausgespuckten Kaugummi getreten.

Die Feilitzschstraße gehört mit Sicherheit zu den merkwürdigsten Orten von ganz München: In kaum einer anderen Straße der Stadt findet man so viele Gegensätze auf einen so erstaunlich engen Raum gedrängt wie hier. Reichtum und Armut, Design und Jogginghose, Fitness und Fast Food, Kunst und Kram, Gemütlichkeit und Hektik – Münchner Klischees werden hier bestätigt und zwei Meter weiter widerlegt. Die Straße ist ein Chamäleon, das farblich nicht einzuordnen ist und deutlich macht, was für ganz München gilt: Natürlich leben in München wohlhabende Gucci-Trägerinnen, selbstverliebte Manager und trendbewusste Schickimicki-Häschen, aber das Stadtbild wird zum Glück noch von vielen weiteren Münchnern unterschiedlichster Couleur geprägt. München ist bunt, viel bunter als die Klischees uns immer wieder glauben machen wollen. Und um den Einwohnern auf die Schliche zu kommen, sollten wir ihre Farben einzeln betrachten.

Die *Schwabinger Sieben* –
zwei Monate später

Die vielen Protestveranstaltungen konnten ihr nicht mehr helfen: Die Kultkneipe *Schwabinger Sieben* ist nun, nach 46 Jahren Betrieb, historisch geworden. Letzte Woche haben etwa 500 Gäste mit 24 Fässern Bier und unzähligen anderen Drinks gebührend Abschied gefeiert.

Entlang der Feilitzschstraße 7 stehen nun Bauzäune mit gelben Schildern: »Betreten der Baustelle verboten! Eltern haften für ihre Kinder!« Auf dem Bürgersteig vor dem ehemaligen Eingang der ›Sieben‹ wurde mit weißem Klebeband die Silhouette einer Leiche geklebt. Darunter steht: »Hier stirbt ein Stück Münchner Kultur.«

Wenn ihr nach Erscheinen dieses Heimatbuches die Feilitzschstraße entlangschlendert, werdet ihr an dieser Stelle wohl bereits das besichtigen können, was ich nur erahnen kann: Die 30 Luxuswohnungen sind gebaut worden und werden sich irgendwann so in die Straße einfügen, als hätte dort nie etwas anderes existiert. Eine Stadt verändert sich, gegen den Willen der einen, im Einverständnis mit den anderen.

An der Feilitzschstraße stößt man erstaunlicherweise dennoch auf eine Kneipe, auf deren Schild der Name »Schwabinger 7« prangt. Jawohl, die **Schwabinger Sieben** ist einfach ein paar Meter weiter gezogen!

Ich selbst war noch nicht in der neuen ›Sieben‹, aber vielleicht habt ihr ja Lust, sie euch einmal anzusehen. So viel sei versprochen: Was auch immer man dort vorfindet – mit Münchner Schickimicki wird es nichts gemein haben. 30 Luxuswohnungen können vielleicht ein wenig das Straßenbild verändern, aber die bunte Mischung von Altschwabingern kriegen sie so schnell nicht klein!

Granteln mit Herz

Die Alteingesessenen

Wir befinden uns im Jahre 2011 n. Chr. – ganz München ist von Zugezogenen besetzt. Ganz München? Nein! Eine kleine Gruppe unbeugsamer Alteingesessener hört nicht auf, den Eindringlingen Widerstand zu leisten. Leider jedoch nicht besonders erfolgreich: Bereits über drei Viertel der Münchner Bevölkerung sind inzwischen *Zuagroaste*. Umso wichtiger für die Alt-Münchner, zwischen ihnen und den Neu-Münchnern klar zu unterscheiden!

Guten Gewissens als »echter Münchner« darf man sich deshalb nur bezeichnen, wenn man auch hier geboren ist. Falls ihr also vorhaben solltet, in die bayerische Metropole zu ziehen, macht euch auf Folgendes gefasst: Auch wenn ihr München in euer Herz schließt, eine Familie gründet und bis zum Lebensende glücklich und zufrieden in dieser Stadt leben solltet: Echte Münchner könnt ihr nie werden.

Aber Vorsicht, es kommt noch ärger: Allein die Tatsache, in München geboren zu sein, reicht nämlich noch lange nicht aus, um ein echter Münchner zu sein. Man stelle sich vor, eine Frau aus Lübeck und ein Mann aus Oslo zeugen in Köln ein Kind, das aufgrund der Arbeitssituation der Eltern durch Zufall in München auf die Welt kommt. So wie viele andere hier geborene Münchner auch würde es kein einziges Wort des hiesigen Dialekts sprechen. Und das soll ein Münchner *Kindl* sein? Ja, Himmel Herrgott Sakrament, wo kämen wir denn da hin!

Wie ihr bereits wisst, wurde München von Heinrich dem Löwen 1158 gegründet. Der wahrhaft echte Münchner hat einen Familienstammbaum aufzuweisen, der bis zu diesem Jahr zurückreicht. Na gut, vielleicht nicht ganz, aber er lebt mindestens bereits seit ein paar Generationen in München – damit müssen wir Zugezogene uns einfach abfinden.

Wer nun aber diese wahrhaft echten Münchner sind und was sie auszeichnet – davon gibt es eine eindrucksvoll enge Auffassung. Im Prinzip ist sie dem Klischee vom Bayern im Allgemeinen erstaunlich ähnlich: Der Alteingesessene ist demnach eine dumpfbackige und engstirnige Provinznudel, die Lederhosn trägt, permanent Bier trinkt und jodelt. Er sitzt im Biergarten oder im Wirtshaus, isst seine *Schweinshaxn* und schweigt. Wenn man ihn zum Sprechen nötigt, versucht er, mit wenigen knappen bairischen Sätzen wie »Passt scho«, »Ja geh her« oder »I werd narrisch!« auszukommen. Er hat es gern gemütlich, und wenn es mal ungemütlich werden sollte, *grantelt* er eben ein wenig. Dem alteingesessenen Münchner wird weiterhin nachgesagt, er wäre kein Freund des Neu-Münchners und von dessen neumodischer Lifestyle-Kultur, ja, er würde ihn für seine oberflächlichen Wertvorstellungen, seinen permanenten Stress und seine Arbeitswut regelrecht verachten. Diese vielen hippen und trendbewussten Zugezogenen würde der Alt-Münchner natürlich auch niemals als »Münchner«, sondern – wenn überhaupt – nur als »Neu-Münchner« bezeichnen, die gerade auf dem besten Wege seien, sein schönes München mit Modetrends und High-tech zu zerstören. Wenn sich jedoch einer dieser Neu-Münchner selbst jemals das Recht herausnehmen sollte, ein paar kritische Anmerkungen zu seiner geliebten Stadt zu äußern, würde sie der Alteingesessene bis aufs Blut verteidigen. Jawohl, er würde diesem *damischen Deppen* mal ordentlich den Marsch blasen, *zefix no amoi!* Damit aber nicht fälschlicherweise angenommen wird, der Alteingesessene wäre eine unsympathische Person, enden die Beschreibungen des Alt-Münchners jedoch fast immer so: »Im Grunde ist und bleibt er eine sehr herzliche Natur!«

So, nun zur Wahrheit. Punkt eins: Falsch! Die Alteingesessenen tragen nur zu bestimmten traditionellen Anlässen Trachten, und nein, sie jodeln nicht. Punkt zwei: Stimmt, die Mehrheit der echten Münchner trinkt durchaus gerne Bier – aber da tun sie ja auch gut dran, schließlich weiß jedes Kind, dass das Münchner Bier das beste Bier der Welt ist. Punkt drei: *Granteln* ist tatsächlich eine sehr schöne Eigenschaft einiger Alteingesessener, auch wenn der Grund zum *Granteln* oft ein ganz anderer ist, als man vermutet. (Mehr dazu im Kapitel »Die Föhnkranken«!) Punkt vier: Alteingesessene sprechen kein Bairisch, sondern Münchnerisch.

Es handelt sich hierbei schon fast um einen eigenen Dialekt, der gern auch als »Isar-Preußisch« bezeichnet wird. Unglaublich, aber wahr: Bairisch und Hochdeutsch gehen darin eine Liaison ein. Das ursprüngliche, reine Bairisch wurde in München von den vielen Zuwanderern seit Generationen beeinflusst. Schon allein zur besseren Kommunikation zwischen Alteingesessenen und Zugezogenen hat sich also der bairische Dialekt angepasst. Er ist weicher geworden – Kritiker allerdings würden sagen: verweichlicht.

Während die Bayern außerhalb Münchens ihre Hauptstadt »Minga« nennen, nennen die Münchner sie »München«. Der bairische Dialekt heißt jenseits der Münchner Grenzen »Boarisch«, die Münchner hingegen nennen ihn »Bairisch«. Den König spricht man im Hochdeutschen »Könich« aus, in München »Könik« oder »Kini«, und im Rest von Bayern nennt man ihn ausschließlich »Kini«.

Trotzdem ist auch in München die bairische Anredeform »Grüß Gott« (neben »Servus« und »Hallo« unter Freunden) die einzig richtige. Ein »Guten Tag!« klingt hier also genauso merkwürdig unpassend und fremd wie die Bestellung eines Brötchens, das in ganz Bayern »Semmel« heißt.

Da es insgesamt nur noch so wenig echte Münchner gibt, hört man leider nur noch selten Menschen Münchnerisch miteinander sprechen. Einige fürchten zu Recht, dass die spezielle Klangfärbung irgendwann völlig aussterben wird. Das liegt natürlich auch an einem Phänomen, das deutschlandweit zu beobachten ist: Eltern, die selbst Dialekt sprechen, sprechen mit ihren Kindern Hochdeutsch, weil sie befürchten, die Kinder hätten sonst irgendwann einmal Nachteile in der Schule oder im Berufsleben. Eine meiner Freundinnen, die sich als echte Münchnerin bezeichnen kann und deren Bairisch sprechende Mutter mit ihr Hochdeutsch gesprochen hat, sagt zum Abschied immer: »Pfiadi, tschüss!«

Falls ihr Feldstudien zum Münchner Dialekt betreiben wollt, setzt euch am besten nah an einen der vielen tatsächlich existierenden Stammtische in bayerischen Lokalen wie dem *Augustiner* in der Neuhauser Straße und dem *Weißen Bräuhaus* im Tal oder unterhaltet euch auf dem Viktualienmarkt mit den Marktfrauen. Als Einstimmung könnt ihr euch auch Interviews mit Franz Beckenbauer anhören – er ist ein Prachtexemplar für Studien über den Münchner Dialekt!

Punkt fünf: Es wäre lächerlich zu behaupten, alle Alteingesessenen würden die Zugezogenen nicht mögen, dennoch ist eine gewisse Tendenz dazu immer wieder spürbar. Erst neulich habe ich eine ältere Frau im Englischen Garten schimpfen hören: »Schuld san diese depperten Ossis!«, kreischte sie gegenüber einer Bekannten. »Und diese Norddeutschen, die nicht mal ›Grüß Gott‹ sagen, die machen die ganze Atmosphäre im Haus kaputt! I sag's Eana, die können Sensibilität von Sentimentalität nicht unterscheiden, so is des!« Was sie mit dem letzten Satz genau meinte, ist mir bis heute ein Rätsel, aber vermutlich hätte sie es selbst nicht erklären können. Fakt ist, dass solche Aussagen mehr über den einzelnen Sprecher aussagen als über die Alteingesessenen im Allgemeinen. Insgesamt lässt sich jedoch sagen, dass die Feindschaft gegenüber den *Zuagroasten* in Anbetracht der Tatsache, dass in München etwa doppelt so viele Zugereiste wie Alteingesessene leben, eher ein typisches bayerisches Problem ist als ein typisch münchnerisches, und deshalb soll es hier nicht noch weiter erörtert werden.

Punkt sechs: Die *Schweinshaxn*. Aufgewachsen in der bayerischen Hauptstadt, groß und stark geworden dank der liebevollen Ernährung durch eine Münchner Mama, sind die Alteingesessenen im Normalfall natürlich bestens mit der bayerischen Küche vertraut. Dementsprechend ist es wohl wahr, dass viele von ihnen gerne *Schweinshaxn*, *Hendl*, *Weißwurscht* und *Obatzdn* essen. Aber wie wir bereits wissen, ist München nun mal eine Großstadt mit vielen Zugezogenen, und die haben inzwischen nicht nur die Sprache, sondern auch die Essensgewohnheiten der Alteingesessenen verändert. Während also die Urbayern auf dem Land laut des Mottos »I sog amoi: I ess vui, weil's guat is!« gerne viel und deftig essen, wurde den Alteingesessenen in München – vor allem den weiblichen! – wohl allmählich etwas mulmig, als sie die spindeldürren Zugezogenen ständig an Frühlingsröllchen und Salatblättern knabbern sahen. Oh ja, es gibt inzwischen sogar Alteingesessene, die in den letzten Jahren Vegetarier geworden sind!

Siebter und letzter Punkt: Die Herzlichkeit. Auch hier wird wieder einmal ein bayerisches Klischee auf die alteingesessenen Münchner übertragen. Das Stadtmarketing hat es sich sogar zunutze gemacht und verwendet seit den Olympischen Sommerspielen 1972 den Slogan »Weltstadt mit Herz«, um damit für die Stadt zu werben. Der Slogan scheint sehr erfolgreich zu sein: Umfragen zufolge kennen ihn fast die Hälfte aller Münchenbesucher. Vermutlich ist er jedoch seit seiner Erfindung mindestens genauso oft dementiert wie bestätigt worden.

Im Großen und Ganzen lässt sich also sagen, dass es sich bei den Alteingesessenen um Münchner mit langer bayerischer Tradition handelt, die jedoch durch die vielen nicht-bayerischen Zugezogenen schon seit langer Zeit in ihrem Handeln und Denken beeinflusst werden. Abgesehen davon sind sie jedoch genauso wenig in eine Schublade zu stecken wie alle anderen Menschen dieser Welt.

Karl Valentin – ein ›echter‹ Münchner, auf den die Stadt stolz sein kann

Der Komiker, Kabarettist und Schauspieler Karl Valentin, geboren 1882 in der Münchner Au, zählt zu einem der wichtigsten Originale der Stadt. Mit seinen skurrilen Geschichten, in denen das Alltägliche absurd und das Absurde alltäglich erscheint, begeisterte er schon zu Lebzeiten ein breites Publikum.

Drei Jahre nach seinem eigenen Durchbruch entdeckte Valentin die Schwabingerin Elisabeth Wellano, die unter dem Namen Liesl Karlstadt 26 Jahre lang als Bühnenpartnerin mit ihm auf Tour war. Neben zahllosen erfolgreichen Auftritten standen sie gemeinsam für zehn Filme vor der Kamera, unter anderem für *Die Erbschaft*, ein Film, der später von den Nationalsozialisten wegen »Elendstendenzen« verboten wurde.

Nach dem Krieg und der beruflichen Trennung von Liesl Karlstadt traf der inzwischen oft tiefschwarze und melancholische Humor Valentins nicht mehr den Geschmack des Publikums, das harmlose Ablenkung vom schwierigen Alltag suchte. Bei einem Gastspiel im Jahre 1948 erkältete sich der Künstler bei der Übernachtung in der ungeheizten Garderobe und starb am Rosenmontag an einer Lungenentzündung.

Heute gilt Karl Valentin als deutsche Antwort auf Charlie Chaplin. Viele seiner berühmten Kollegen wie Bertolt Brecht oder Kurt Tucholsky schätzten ihn bereits zu seinen Lebzeiten für seinen ›verqueren‹ Wortwitz. Thomas Mann sammelte Valentins Schallplatten und konnte Textstellen aus seinen Dialogen auswendig aufsagen. Der Kritiker Alfred Kerr nannte ihn einen »Wortzerklauberer«. Neben Bertolt Brecht beeinflusste Valentin Samuel Beckett, Loriot, Gerhard Polt und Helge Schneider. Christoph Schlingensief nannte ihn 2002 im Begleitbuch zur Gesamtausgabe des akustischen Werks bei Trikont »die gelungene symbiose aus tonfilmanfang, schwarz/weiß, bürgertum und anarchie. Nicht umsonst«, so Schlingensief weiter, »wird er gerade heute, wo leute wie harald schmidt oder stefan raab verbrannte erde hinterlassen haben, wiederentdeckt«.

Jedem Menschen dieser Welt sei ganz dringend ein Besuch im Turm des Isartors ans Herz gelegt, in dem das ganz wunderbare Valentin-Karlstadt-Musäum untergebracht ist. Falls euch die vielen bairischen Sprüche, Kommentare und Erklärungen mangels ausreichender Sprachkenntnisse etwas frustrieren sollten, könnt ihr euch anschließend bei einer heißen Schokolade mit einem riesigen Berg Schlagsahne im Café von Petra Perle erholen, das sich über dem Musäum im Turmstüberl befindet. Ganz im Geiste Valentins laufen die Uhren hier rückwärts.

Die Musäums-Öffnungszeiten: Montag, Dienstag und Donnerstag: 11:01–17:29 Uhr, Freitag und Samstag: 11:01–17:59 Uhr, Sonntag:

10:01–17:59 Uhr. Mittwochs hat das Musäum geschlossen: Besichtigung an diesem Tag »bei Re-
genschein, Tag und Nacht, nur von außen und
zwar kostenlos«.

Anpassung folgt

Die Zugezogenen

Die Gründe der Zugezogenen, sich ausgerechnet für München als neue Heimat entschieden zu haben, sind genauso vielfältig wie die Zugezogenen selbst. Je nachdem, woher sie stammen und warum sie hergekommen sind, fällt auch das Bild aus, das sie sich von der Stadt machen.

Ein Zugezogener aus Bitterfeld wird sofort die Sauberkeit bemerken, während sich ein Zugezogener aus Luzern vielleicht selbst an dem wenigen Taubendreck stört, den die Stadt zu bieten hat. Ein Leipziger wird München als teuer empfinden, einem Londoner hingegen erscheinen wohl selbst die heillos überteuerten Mieten als günstig. Ein Zugezogener aus Berlin hält die Stadt womöglich für bieder und konservativ und empfindet den bairischen Dialekt als provinziell. Ein Zugezogener aus Altötting hingegen ist verwundert, wie wenig bayerisch die Hauptstadt Bayerns doch ist und wie viel Hochdeutsch hier gesprochen wird.

Eine Gemeinsamkeit all dieser unterschiedlichen Menschen haben wir bereits im vorangegangenen Kapitel festgestellt: Sie verbindet die Tatsache, dass sie auch bei größtmöglichen Bemühungen niemals zu echten Münchnern werden – zumindest in den Augen der Alteingesessenen. Es gibt jedoch noch eine zweite Gemeinsamkeit aller Zugezogenen: So, wie sich auch die Alt-Münchner im Laufe der Zeit an die neuen Einwohner angepasst haben, so werden sich auch die Zugezogenen – vorausgesetzt, sie geben sich ein bisschen Mühe und begegnen der Stadt mit offenen Armen – im Laufe der Jahre etwas assimilieren.

Als ich in Berlin lebte, konnte ich dort ein interessantes Phänomen beobachten: Erstaunlich viele Menschen, die in die Bundeshauptstadt ziehen, wollen unbedingt echte Berliner sein, ›dazugehören‹ und schon möglichst lange dort gelebt haben. Es gibt für sie nichts Schöneres, als endlich mit den Ureinwohnern Berlins in Kontakt zu kommen und sie als Freunde bezeichnen zu dürfen. Der Ur-Berliner wird von den dortigen Zugezogenen regelrecht verherrlicht. Ganz anders in München: Hier kommen die Zugezogenen (zumindest die nicht-bayerischen!) gerne mit der Vorstellung nach München, den Alteingesessenen erst einmal zeigen zu müssen, wie die große Welt da draußen eigentlich aussieht. Denn das Bild, das sie von ihnen im Kopf haben, ist oft kein anderes, als das im vorangegangenen Kapitel beschriebene Klischee.

Insofern ist es nicht überraschend, dass die meisten Neu-Münchner bereits bei ihrer Wohnungssuche zum Großteil der Alteingesessenen auf Distanz gehen und in Viertel ziehen, die in den letzten Jahrzehnten verstärkt von ihresgleichen, also anderen Neu-Münchnern, okkupiert worden sind.

Vereinfachend kann man München in drei Bezirke einteilen: Ganz in der Mitte befindet sich der Altstadtkern, in dem sich vorrangig Geschäfte, Theater und Hotels befinden und in dem neben den Münchnern, die gerade ihre Einkäufe erledigen müssen, besonders gerne Touristen verweilen. Um den Altstadtkern herum drapieren sich das

Lehel, Haidhausen und die Au, Ludwigsvorstadt und Isarvorstadt, Maxvorstadt und Schwabing, das Westend und Neuhausen. Aufgrund ihrer zentralen Lage nisten sich in diesen Vierteln sehr gerne Neu-Münchner ein. Im äußeren Ring der Stadt hingegen, also eher in Richtung Stadtrand, in Bezirken wie Pasing, Feldmoching und Milbertshofen, die natürlich auch günstiger sind als die inneren Stadtbezirke, wohnen vorrangig alteingesessene Münchner.

Das hat natürlich auch Auswirkungen auf die Sprache: Außen wird eher Bairisch respektive Münchnerisch gesprochen, in der Mitte Hochdeutsch und innen Englisch, Japanisch und ebenfalls Bairisch. Denn während in der Altstadt für die Touristen mit der bayerischen Tradition geworben wird, sich die Stadt hier also vermeintlich urbayerisch gibt, ist im Ring um die Altstadt herum, in den die Neu-Münchner so gerne ziehen, viel weniger davon spürbar. Auf den Straßen hört man überall Hochdeutsch sprechende Menschen – die Neu-Münchner dürften sich hier also sofort heimisch fühlen. Ab und an schnappen sie dann vielleicht doch ein paar bairische Wörter auf und amüsieren sich köstlich darüber. »Pfüati«, sagen sie zum Abschied, dabei sollten sie es vielleicht erst mal mit so einfachen Wörtern wie »Semmel« und »Grüß Gott« versuchen.

Wenn sie schließlich Weihnachten oder Ostern zu Besuch in ihrer Heimatstadt sind und von ihren Freunden und Verwandten gefragt werden, wie München denn so sei, antworten sie am liebsten etwas abfällig mit der Standardantwort: »Die Stadt ist in Wirklichkeit eher ein großes Dorf!«, und vergessen dabei gerne, dass ihre Heimatstadt meistens sogar kleiner ist als München.

Damit sich die vielen Zugezogenen in München noch heimischer fühlen können, haben sich die inneren Stadtbezirke in den letzten Jahrzehnten dementsprechend verändert: Man findet hier nicht nur eine unglaublich große Auswahl an Cafés und Kneipen, sondern auch Restaurants unterschiedlichster Couleur: Italiener, Inder, Thai Food, Sushi, *la cuisine française* oder die Dönerbude um die Ecke – für jeden Geschmack der Neu-Münchner ist etwas dabei. Schon oft haben Zugezogene über die deftige bayerische Küche die Nase gerümpft. So schrieb Thomas Mann in den *Buddenbrooks*: »Es gibt zu wenig Gemüse und zu viel Mehl, zum Beispiel in den Saucen, deren Gott sich erbarmen möge. [...] Und dann ist es doch ein Wahnsinn, beständig Gurken- und Kartoffelsalat mit Bier durcheinander zu schlucken! Mein Magen gibt Töne von sich dabei.« Detlev von Liliencron schrieb 1890 in einem Brief an einen Freund: »Es ist unglaublich, mit welchen Haxen, Gehirnen, Gekrösen p.p. der harmlose, bedürfnislose Münchener sich zufrieden gibt. Die Leute können einfach nicht kochen.«

Tatsächlich besuchen sogar die Zugezogenen aus Bayern oft und gerne alles, was nicht bayerisch anheimelnd wirkt – schließlich sind sie froh, dass sie endlich draußen sind »aus diesem Kleinstadt-Mief« und jetzt »in der großen Stadt« angekommen sind.

Ein paar bayerische Wirtshäuser gibt es glücklicherweise dennoch auch in diesen Bezirken, in denen sich Alteingesessene, die sich nicht haben vertreiben lassen, zum regelmäßigen Stammtisch treffen und in Träumen von ihrem ehemals guten, alten München schwelgen.

Die vielen Neu-Münchner der letzten Jahrzehnte haben die Stadt sicher ein Stück weit offener gemacht, aber eben auch teurer – und ein bisschen schicker. Denn einige der gerade frisch Angekommenen gehen nicht nur bei *H&M* und

Orsay einkaufen, sondern auch gerne in den kleinen Boutiquen, in denen Designer-Mode verkauft wird. Es gab schließlich einen Grund, weshalb sie für ihr Studium oder ihren neuen Job nach München gezogen sind und nicht nach Dortmund oder Bielefeld!

Tja, und dann besuchen diese frisch angekommenen Neu-Münchner zum ersten Mal »die Wiese« – denn sie glauben bereits zu wissen, wie die Münchner ihr Oktoberfest nennen. Dort, in Marken-Jeans und Designer-Shirt, stellen sie verdutzt fest, dass selbst die beiden regelmäßigen Oktoberfestbesucher aus Hamburg besser vorbereitet sind als sie und wohlweislich Lederhosn und Dirndl angezogen haben. Spätestens ein Jahr darauf werden die gleichen Neu-Münchner stolz ihre neuen todschicken Trachten ausführen, und schon nach der ersten Maß fühlen sie sich plötzlich sauwohl darin. Dass sie ihr Bier nicht mehr aus kleinen Gläsern trinken, sondern aus riesigen Krügen – daran haben sie sich spätestens nach ihrer ersten Biergarten-Saison gewöhnt. Dort haben sie auch endlich gelernt, dass man die Maß nicht »Maas« ausspricht, sondern »Mass« – auch wenn die korrekte Schreibweise nicht ganz dazu passen mag. Und dass das Oktoberfest nicht

»Wiese« sondern »Wiesn« heißt, haben sie inzwischen auch verstanden.

Aufgrund ihrer neu gewonnenen Bairisch-Kenntnisse trauen sie sich dann irgendwann sogar endlich einmal in ein bayerisches Wirtshaus hinein. Sie verstehen nicht so recht, weshalb die Alt-Münchner am Stammtisch nebenan jedes Mal zusammenzucken, wenn sie einen *Obatzda* bestellen, aber die urige Gemütlichkeit finden sie auf Anhieb viel angenehmer als die kühle Atmosphäre in der auf modern getrimmten Pizza-Bar, und auch die Saucen schmecken hier eigentlich doch ziemlich gut. Und wenn sie sich nach vielen Jahren unsterblich in die Isar und den Englischen Garten verliebt haben und immer noch hier wohnen sollten, ist es für sie völlig normal geworden, dass sie »Grüß Gott« sagen, in der Bäckerei *Semmeln* und im Wirtshaus einen im Akkusativ völlig korrekten *Obatzdn* bestellen, woraufhin ihnen die Alt-Münchner anerkennend zuprosten. Vielleicht runden sie dann sogar bereits die harte Aussprache der Endkonsonanten weich ab und dehnen die Vokale ein klein bisschen länger als früher. Ihre Verwandten wundern sich arg. Und dann, herzlichen Glückwunsch, sind sie – fast – echte Münchner.

Pumuckl – ein zugezogener Münchner, auf den die Stadt stolz sein kann

Ich bin klein,
mein Herz ist rein,
ich will auch nie wieder so böse sein.

Pumuckl

Der Rotschopf Pumuckl, grundsätzlich in gelbem T-Shirt und grüner Hose anzutreffen, ist ein Nachfahre der Klabautermänner. Diese werden automatisch unsichtbar, sobald sich Menschen nähern. Bei seinem Besuch in München ist der kleine Klabautermann jedoch leider an einem Leimtopf in einer Schreinerei kleben geblieben, woraufhin er für den Schreinermeister Eder sichtbar wurde. Seitdem dieser Pumuckl befreite, verbindet die beiden eine sehr herzliche, wenn auch nicht immer einfache Freundschaft. Pumuckl ist oft etwas impulsiv, ärgert gerne andere Menschen und versteckt Gegenstände, was wiederum Meister Eder verärgert. Aber weil ihm sein Pumuckl so wunderbar die Zeit vertreibt, hat er ein Bettchen und eine Schiffschaukel für ihn geschreinert, die ihn an die Wellen auf hoher See erinnern soll.

Die im Münchner Stadtteil Pasing lebende Schriftstellerin Ellis Kaut (geboren 1920) hat Pumuckl und den Schreinermeister Eder im Jahre 1961 für eine Hörfunkserie im Bayerischen Rundfunk erfunden, der 21 Jahre später auch die Fernsehserie folgte. Das Haus, in dem sich Meister Eders Werkstatt befand, stand damals im noch nicht luxussanierten Stadtbezirk Lehel, ist aber leider inzwischen abgerissen worden. Der Schauspieler Hans Clarin, der Pumuckl sowohl im Hörfunk als auch in der Fernsehserie seine Stimme lieh, ist 2005 gestorben. Bereits zwölf Jahre vorher starb der Schauspieler Gustl Bayrhammer, der in der Fernsehserie Meister Eder gespielt hatte.

Entgegen anderer Meinungen ist Pumuckl nach einem kurzen Ausflug ans Meer, um diese Verluste zu verarbeiten, übrigens wieder nach München zurückgekehrt! Im Schwabinger Luitpoldpark tanzt er in einem Brunnen auf einer Stele. Nachts allerdings macht er sich unsichtbar, läuft dichtend durch die Straßen, isst Schokolade und versteckt nach wie vor Gegenstände anderer Leute. Falls ihr in München also einmal etwas vermissen solltet, könnt ihr euch denken, bei wem es gelandet ist!

Latte-Macchiatorisierung

Die Yuppies

Sie tragen Föhnfrisur und Poloshirts von Ralph Lauren mit aufgestelltem Kragen. Ihre Hemden kaufen sie bei *Ludwig Beck*, bei *Loden Frey* oder in der Young-Fashion-Abteilung von *Hirmer*. Ihr Lieblingsschuhgeschäft heißt *Ed Meier* und ihr bevorzugter Friseur *Lippert's*.

Je höher der Preis, umso besser das Produkt, denken sie und besorgen sich deshalb gerne ihren Schinken und Sekt bei *Dallmayr*, Trüffel und Wein bei *Feinkost Käfer* und französischen Käse auf dem Viktualienmarkt. Wenn sie auswärts essen gehen, dann am liebsten im *Tantris*, im *Brenner* oder im *Königshof* – da weiß man wenigstens, was man hat. Aber sie sind auch sehr stolz darauf, selbst kochen zu können. Das haben sie nämlich im Kochkurs bei Alfons Schuhbeck gelernt.

Sie haben studiert, meistens BWL oder Jura, manchmal auch Medizin oder Grafikdesign. Ein Jahr des Studiums verbrachten sie im Ausland, bestenfalls in England oder den USA. Sie würden jedoch »UK« und »in den States« sagen, so wie sie überhaupt gerne englische Wörter benutzen und danach so tun, als ob es ihnen peinlich wäre, dass ihnen das deutsche Wort gerade wieder einmal entfallen sei. Sie sind nämlich sehr stolz auf ihre Englisch-Kenntnisse und mokieren sich deshalb auch auf jeder Fahrt im ICE – *First class, for sure!* – über das Englisch der Schaffner. Obwohl sie gerne in München leben, sind sie sehr *busy* und deshalb oft unterwegs, meistens auf Geschäfts-reisen. Dafür haben sie einen Rollkoffer, den sie vorher in den Fünf Höfen gekauft haben und in dem sich ein Etui mit Marken-Kosmetika im Kleinformat befindet. Sie rasieren sich regelmä-ßig, natürlich. Sie legen viel Wert auf ihr Äußeres, besitzen aber dennoch ein Abonnement für das Residenztheater. Denn auch Kultur ist wichtig, haben sie gehört. Während sich die Schauspieler auf der Bühne abmühen, denken sie allerdings an die After-Work-Party im *Lenbach* gestern Abend (und an die Kleine, mit der sie gerne die Nacht verbracht hätten). Nach der Vorstellung geht es dann noch gemeinsam auf einen Drink ins *Lardy*, ins *Barfly* oder gar ins *Schumann's*, wo sie einstimmig behaupten, die Inszenierung hätte ihnen außerordentlich gut gefallen. Sie trinken Cocktails oder Whisky, während sie über die »Proleten« lästern, die sich abends auf der Leopoldstraße in Schwabing hemmungslos »zusaufen« und mit dicken, getunten Sportwagen »posen« – ihrer Meinung nach alles Fließbandarbeiter bei BMW, wo sie selbst in Abteilungen wie den Human Resources, Investor Relations oder im Marketing-Bereich tätig sind. Manchmal arbeiten sie auch als Unternehmensberater oder in einer Bank, natürlich in einer ranghohen Position. Sie sind überzeugt davon, sehr gute Führungskräfte zu sein.

Dass dieses ekelhafte »Drecksloch« *Schwabinger Sieben* endlich abgerissen wird und schmucke Wohnungen gebaut werden, begrüßen sie. Sie selbst haben aber im Moment gar kein Interesse daran, nach Schwabing zu ziehen, da sie sich in ihren Eigentumswohnungen im Gärtnerplatzviertel, im Lehel oder in der Maxvorstadt sehr wohl fühlen.

Es gibt übrigens auch weibliche Exemplare unter ihnen, die stets geschminkt sind, ihre langen Haare gerne zum Pferdeschwanz zusammenbinden, schicke Kostümchen, Schuhe aus Mailand und Perlenohrringe tragen. Ansonsten weisen sie jedoch sehr viele Ähnlichkeiten mit dem männlichen Modell des Yuppies (young urban professional) auf – des jungen, karrierebewussten Erwachsenen der städtischen oberen Mittel- oder unteren Oberschicht. Der Begriff »Yuppie« kam in Großbritannien und den USA in den 1980er Jahren auf, er hätte aber auch in München erfunden werden können.

Wenn die Alteingesessenen über die Neu-Münchner schimpfen, klagen sie eigentlich nicht über die Zugezogenen im Allgemeinen, sondern über die Yuppies, und das kann man ihnen noch nicht einmal übel nehmen. Denn diese Bevölkerungsschicht ist einer der Gründe dafür, warum sich die inneren Münchner Stadtbezirke in so rasanter und fast unnatürlicher Geschwindigkeit verändern.

Das große Problem ist ein soziologisches, momentan in aller Munde und hört auf den hübschen Namen »Gentrifizierung«. Sie nimmt meistens ihren Anfang mit Künstlern und Intellektuellen, die sich aufgrund der leer stehenden, unsanierten und somit günstigen Wohnungen für ein Viertel interessieren und dies durch die Eröffnung von neuen Kneipen oder interessanten Kulturangeboten aufwerten. Magisch angezogen von diesem nun ›hip‹ gewordenen Gebiet wollen die Yuppies natürlich unbedingt auch dort leben. Denn wenn sie schon selbst nicht mutig und kreativ genug sind, Trends zu erfinden, so wollen sie zumindest bei den bestehenden dabei sein. Da sie jedoch im Gegensatz zu den jetzigen Bewohnern sehr gut bezahlte Jobs haben, möchten sie gefälligst topsanierte Eigentumswohnungen kaufen oder mieten und treiben so die Preise im gesamten Viertel in die Höhe. Für Familien, Alteingesessene und sozial schwächer Gestellte wird der neue Lebensstil unerschwinglich. Sie sind gezwungen, ihr Viertel zu verlassen und und sich woanders eine bezahlbare Wohnung zu suchen, oftmals am günstigeren Stadtrand.

Zu einer solchen Entwicklung kam es in den letzten Jahren im Gärtnerplatzviertel und im angrenzenden Glockenbachviertel. Vor 30 Jahren zählten diese Bezirke mit ihren leer stehenden Wohnungen noch zu den ärmsten Arbeitervierteln von München. Erst langsam, dann immer rapider wandelte sich der Charakter der Viertel durch die neuen Bewohner. Neben Künstlern kamen auch viele Schwule und Lesben hierher, die durch ihren Lebensstil und ihre Ideen die Gegend entscheidend prägten und aufwerteten. Es entstand ein junger ›Szenebezirk‹, in dem originelle Kneipen und Läden aus dem Nichts sprossen. Aber in den letzten Jahren hat sich das Viertel erneut stark verändert: Die Yuppies kamen. Für sie wurden alte Häuser luxussaniert und teure Eigentumswohnungen errichtet, edle Boutiquen und Star-Friseursalons eröffneten. Viele Kneipen und kleine Läden mussten bereits schließen, weil sich die Betreiber die hohen Mieten nicht mehr leisten konnten.

Formen der Gentrifizierung finden sich in fast allen großen Städten der Welt, aber München scheint sich ganz besonders gut als Wohnstätte für junge Menschen anzubieten, die *Sex in the City* und den *GQ-Cosmopolitan*-Lifestyle im echten Leben nachspielen wollen. In keiner anderen Stadt Deutschlands fahren so viele Nobelkarossen, gibt es so viele ausgebaute Lofts, sind die Mieten so hoch wie hier. Kokain gilt als die beliebteste Droge der Stadt. Es ist wohl kein Zufall, dass viele Münchner so gerne den Cocktail Liquide Cocaine trinken.

Die Preise der sanierten Eigentumswohnungen im ebenfalls gentrifizierten Szenebezirk Prenzlauer Berg in Berlin erscheinen fast niedlich im Vergleich zu denen in München. Neulich meinte ein Freund aus Berlin: »Ach, mit der Gentrifizierung habt ihr in München ja keine Probleme. Die Stadt ist ja bereits komplett gentrifiziert.« Ganz so schlimm ist es zum Glück noch nicht, aber tatsächlich kam es schon lange vor der jüngeren Entwicklung im Glockenbachviertel zu Luxussanierungen in anderen Bezirken, etwa auch in manchen Teilen von Schwabing und im inzwischen dem Altstadtbezirk angeschlossenen Lehel, das nun als Nobelstadtteil gilt.

Wenn man heute durch das Lehel läuft, gewinnt man tatsächlich den Eindruck, dass hier ausschließlich reiche Menschen leben. Auf den Straßen parken vierrädrige Prestigeobjekte von BMW, Mercedes und Porsche und an den perfekt renovierten Altbaufassaden prangen goldglänzende Briefkästen und Klingeltafeln. Am St.-Anna-Platz, dem Herzstück des Viertels, gab es früher einen schnuckeligen Tante-Emma-Laden, der sich inzwischen in ein Feinkost-In-Restaurant verwandelt hat.

Damit wir uns nicht falsch verstehen: Es ist natürlich absolut nichts dagegen einzuwenden, wenn Wohnungen renoviert werden, wenn sie ein neues Bad bekommen und dichte Fenster. Bei meiner letzten Wohnungssuche in München wurden mir jedoch Altbauwohnungen mit empfindlichem Nobelparkett, künstlichem Stuck und einer nagelneuen Designer-Einbauküche mit Espresso-Automat und Eiscrusher angeboten. »Und die Wohnung erreichen Sie über diesen topmodernen Glaslift, der auf Sprache reagiert!«, schwärmte die Maklerin. »Ist das nicht toll?«

Wenn man Münchner Wohnungsanzeigen durchblättert, gewöhnt man sich schnell an Ausdrücke wie »Absolute Premiumklasse«, »kreative Loftwohnung« oder »Wohnen der Extraklasse mit Luxus-Serviceangebot« – und daran, dass für Familien und Normalverdiener all das nicht mehr infrage kommt. Auch im Hinblick auf die *Schwabinger Sieben* war es die Furcht vor Luxussanierung und Gentrifizierung, die die sonst eher gemütlichen Schwabinger zu Demonstrationen auf die Straße trieb. Sie forderten den Erhalt eines buntes Viertels, in dem man sich das Feierabendbier in der Stammkneipe nebenan noch leisten kann.

Am Glockenbach und am Gärtnerplatz scheint die *Yuppification* – oder auch »Latte-Macchiatorisierung« – so gut wie abgeschlossen zu sein. Vor ein paar Tagen erst schloss das Musik Eck, ein Lieblingsgeschäft vieler Münchner Musiker. Der Grund ist wenig überraschend: Die Miete war zu hoch. Stattdessen wird dort wohl ein weiterer Top-Friseursalon eröffnen. Auch wenn das Glockenbachviertel wegen der vielen Kneipen noch immer als einer der angesagtesten Stadtteile von ganz München gilt: Viele Kreative, die das Viertel einst so ›hip‹ und ›szenig‹ gemacht haben, sind inzwischen schon in die Au weitergezogen – und die soll als nächstes dran sein, so prophezeien die Münchner Medien, gemeinsam mit dem Westend und dem Schlachthofviertel. Die ersten Szene-Kneipen haben dort bereits eröffnet. Also, liebe Anwohner, nehmt euch in acht! Geht auf die Straße, schreibt Protestbriefe und wehrt euch gegen eine Wohnpolitik, die zulässt, dass euch euer Wohnraum weggenommen wird! »Yuppies, verpisst euch!«, las ich neulich auf einem Aufkleber, der an einer Laterne am Gärtnerplatz klebte. Na ja, die Form des Protestes könnte durchaus noch ein wenig origineller und geistreicher werden. Aber gut, es ist ein Anfang.

Gebt den Yuppies eine Chance!

Im Rahmen des kommunalen Wohnungsbauprogramms der Stadt München (KomPro) wird ein in Deutschland einmaliges Modell verwirklicht: Sozial schwächer gestellte Familien, die staatliche Unterstützung benötigen, werden aus Brennpunktvierteln in reiche, gentrifizierte Wohngebiete übergesiedelt.

So kann es also passieren, dass eine türkische Familie – Vater, Mutter und fünf Kinder, eben noch wohnhaft in einem engen Neubauappartement im Hasenbergl – sich plötzlich in einer weitläufigen Gründerzeitwohnung mit Parkett und Stuck wiederfindet. Ja, auch der Eiscrusher könnte dort in die Einbauküche integriert sein, selbst wenn die Familie ihn vermutlich niemals für Prosecco auf Eis nutzen wird.

Abgesehen von der Tatsache, dass es sich um ein äußerst kostspieliges Projekt handelt, besteht ein weiterer Nachteil darin, dass die Familie nun immer weit fahren muss, um ihre Einkäufe zu erledigen. Lag der *Lidl*, den sie sich noch leisten kann, bei ihrer alten Wohnstätte direkt um die Ecke, findet sich dort jetzt *Feinkost Käfer*.

Dennoch bringt dieses Projekt natürlich viele Vorteile mit sich! Nicht nur, dass die Familien in größeren und schöneren Wohnungen leben und ihnen die Chance gegeben wird, sich besser zu integrieren, auch gentrifizierte Wohngebiete werden dank dieser Familien nun wieder neu durchmischt! Hoffentlich beleben also die oft kinderreichen Familien, die nicht selten einen Migrationshintergrund haben, die Straßen im betuchten Bogenhausen endlich wieder etwas und geben neue kulturelle Impulse!

Und wer weiß? Vielleicht leistet sich die Stadt München in nächster Zeit ja auch mal ein Projekt, in dem Yuppies aus gentrifizierten Wohngebieten nach Milbertshofen oder ins Hasenbergl umgesiedelt werden! Da die Wohnungen dort auch sehr viel günstiger sind als in Bogenhausen, könnte dieses Projekt sogar zur Gegenfinanzierung des ursprünglichen Projekts beitragen! Außerdem gäbe man so endlich auch einmal Yuppies die Möglichkeit, sich in eine neue und viel buntere Gesellschaft zu integrieren. Ich finde, sie hätten diese Chance verdient!

Auf der Suche nach einem Phänomen

Die Münchner Schickeria

*Jeder spuit 'n Superstar
und sauft an Schampus an der Bar
in der Schickeria.*

Spider Murphy Gang

Auch wenn es viele schicke Menschen in München gibt – nur ein winziger Teil von ihnen bildet die sogenannte Schickeria. Der Begriff der »Bussi-Gesellschaft«, der oft als Synonym für Schickeria benutzt wird, führt ebenfalls in die Irre. Denn in München ist es inzwischen fast überall üblich, sich mit einem Küsschen auf die linke und einem auf die rechte Wange zu begrüßen.

Die wahre Schickeria hingegen ist mehr als das. Um sich zur Schickeria zählen zu dürfen, reicht es nicht, Küsschen zu verteilen, in angesagte Clubs zu gehen, reich, schön und schick zu sein. Nur, wer so stadtbekannt ist oder sich so zu geben weiß, dass auch die Münchner Boulevardpresse ein Interesse an ihm hat, gehört zur Schickeria.

Aufgetaucht ist der Name in den 1960er Jahren, in Anlehnung an das italienische Gefühl des *dolce vita*. Die Menschen wollten die langen Debatten über den Zweiten Weltkrieg und seine Schuldigen hinter sich lassen. Die Wirtschaft wuchs beständig und brachte Wohlstand mit sich – für einige mehr als für andere. Um die Vergangenheit zu verdrängen und dem Alltag zu entfliehen, stürzte sich eine Reihe Vergnügungshungriger in das süße und dekadente Leben. Sie feierten wilde Partys, tranken teuren Champagner, fuhren schnelle Autos, gaben sich dem Rausch des Lebens hin und genossen ihn über alle Maßen. Ihre Eskapaden wurden währenddessen immer fleißig fotografiert, von der Öffentlichkeit mit einem Auge entrüstet verfolgt und mit dem anderen heimlich bewundert.

Die Münchner Schickeria hatte ihre Blütezeit in den 1970er und 1980er Jahren. Die junge

Schauspielerin Uschi Glas, das »Schätzchen der Nation«, ließ sich von diesem neuen und befreienden Gefühl ebenso treiben wie ihr Kollege Fritz Wepper. Während Gloria und Johannes von Thurn und Taxis Kir Royal tranken, prostete Helmut Fischer Ruth Maria Kubitschek und Cleo Kretschmer mit Champagner zu. Gerd Käfer servierte Kaviar und Lachs-Kanapee *en masse* und wurde damit ebenso berühmt wie seine schillernden Gäste. Der Vorzeige-Playboy Gunter Sachs kam aus Südfrankreich oder der Schweiz zu Besuch und gab den Partys einen noch mondäneren Anstrich.

Auf jedem Fest gab es natürlich auch ein paar *Adabeis* (von »auch dabei«), die sich immer im Strahlkreis ihrer Lieblingspromis vor die Kameras der Klatschreporter drängten. Mit ein wenig Glück stand ein paar Wochen später sogar ihr Name unter einem Foto, denn auch Unbekannte konnten plötzlich prominent werden. Der Frisör Gerhard Meir beispielsweise wurde irgendwann zum »Star-Friseur« geadelt und der Modeverkäufer Rudolph Moshammer zum »Promi-Schneider« – schon gehörten sie ebenso zum inneren Zirkel der Schickeria und waren mindestens genauso wichtig wie die Schauspieler und Models.

1981 setzte die Münchner Band Spider Murphy Gang der Schickeria mit ihrem gleichnamigen Song, der die Society-Gesellschaft persiflierte, ein Denkmal. Der Regisseur Helmut Dietl feierte auf den einschlägigen Partys ebenfalls vergnügt mit, beobachtete jedoch die geladenen Gäste immer auch mit kritischem Blick. Das Ergebnis war die Fernsehserie *Monaco Franze* von 1983, in der er ein ironisches Bild von der Münchner Schickeria zeichnet, das sie deutschlandweit bekannt machte. Ein Jahr später übergab Gerd Käfer den Club *P1* an seinen Sohn Michael, der ihn durch aufsehenerregende Partys, eine harte Türpolitik und prominente Gäste in Deutschlands berühmteste Diskothek verwandelte. Mit der bundesweiten Ausstrahlung von Helmut Dietls Serie *Kir Royal* im Jahr 1986 war die Schickeria der bayerischen Hauptstadt auf ihrem Höhepunkt angelangt.

Seitdem ist über ein Vierteljahrhundert vergangen. Was ist aus der Münchner Schickeria geworden? Bei meiner Recherche stoße ich auf eine Reihe von Journalisten, die sie bereits für tot erklärt. Aber wie kann das sein? *Bunte* und *Abendzeitung* liefern doch schließlich nach wie vor Klatsch und Tratsch aus der bayerischen Hauptstadt.

Ich begebe mich selbst auf die Suche. Um zu erfahren, wo sich die Schickeria von heute aufhält, nehme ich an einer Stadtführung von Franca Flenda teil, die sich *Insider Tour* nennt. Franca hat in den 1980er Jahren selbst im *P1* gearbeitet und wurde vom Münchner Stadtmagazin *Prinz* gar zur »Mutter des *P1*« ernannt. Sie ist mit Michael Käfer ebenso befreundet wie mit Charles Schumann, dem Besitzer des legendären *Schumann's*. Für mich ist sie also die ideale Ansprechpartnerin.

In der Nähe des Promenadeplatzes biegen wir in eine schmale Gasse ein. »Wir kommen gleich an einem wichtigen Szene-Laden vorbei«, verkündet Franca. »FC-Bayern-Spieler und andere Promis essen hier ganz oft. Deshalb liegt der Laden auch so versteckt. Man findet ihn kaum, wenn einem niemand zeigt, wo er ist.« Über dem Eingang steht »Pizza – Bar – Lounge« und darüber der eigentliche Name: *H'ugo's*. Vermutlich sollen die Gäste schon an den beiden Apostrophen, die den Regeln der deutschen Rechtschreibung trotzen (und von denen sich bereits einer in »Schumann's« befindet), das Besondere und Erlesene dieses Ortes erkennen.

»Die Prominenz erscheint natürlich erst am Abend«, meint Franca. »Jetzt ist es noch zu früh.«

Am *P1* kommen wir auch vorbei. Franca erklärt, dass der Türsteher montags bis mittwochs manchmal auch Unbekannte hineinlässt, aber schon ab Donnerstag wäre es deutlich schwieriger, an ihm vorbeizukommen.

»Wer drin ist, ist in!«, sagt sie und schmunzelt. Vor Mitternacht sei dort allerdings grundsätzlich nichts los, interessant würde es erst gegen zwei Uhr morgens.

Nach der Führung gehe ich nach Hause. Als ich meinen Magen knurren höre, zögere ich kurz, gebe mir dann aber schließlich einen Ruck und mache mich auf den Weg zurück ins *H'ugo's*.

Ein bisschen aufregend ist es ja schon, wenn man so kurz davor steht, der Schickeria von München zu begegnen! Aber Moment mal, wo war noch der Eingang? Ich laufe am Odeonsplatz auf und ab. Ob ich abends vielleicht irgendeinen Code brauche, damit sich eine geheime Tür zur Seite schiebt und mir Einlass ins Reich der High Society gewährt? »Schickeria, öffne dich!«, rufe ich. Statt einer sich öffnenden Tür quietscht jedoch nur ein Porsche, der dicht neben mir zum Stehen kommt und mich fast umgefahren hätte. Aus dem Angeberschlitten, der jetzt mitten auf dem Bürgersteig und natürlich im Parkverbot steht, steigt ein etwa vierzigjähriges, glatzköpfiges Babyface in Anzug und Krawatte, das mir – immerhin – den Weg weist. Mit noch zitternden Knien folge ich ihm und stehe schließlich vor dem inzwischen gut besuchten *H'ugo's*. Freundlicherweise darf ich mich draußen auf der Terrasse an einen Tisch setzen, an dem sich bereits zwei Männer in eleganten Sakkos, Jeans und Sneakers angeregt unterhalten. An den Wänden hängen elf Flachbildschirme, in denen Meereswellen wallen – ich fühle mich sofort berauscht. Als die Bedienung kommt, bestelle ich eine Pizza Vegetaria und die beiden Männer ordern Trüffelpizza. Als der eine meinen irritierten Blick sieht, erklärt er: »Das ist die Spezialität hier!« Noch bevor ich etwas sagen kann, nehmen sie ihr Gespräch wieder auf. Die Wörter »Kostenoptimierung«, »Anwalt«, »Einsparungen« und »Datenbank« huschen an mir vorbei. Das klingt mir verdächtig nach Yuppies. Aber auch unter den anderen Gästen kann ich keine Bayern-Spieler und Schauspieler ausmachen. Während ich meine duftende Pizza verspeise, beobachte ich neugierig die elegant gekleideten Gäste, entdecke jedoch kein einziges mir bekanntes Gesicht. Ich bezahle und mache mich auf den Heimweg. Die Pizza war gut und nicht besonders teuer, denke ich, aber wo um Himmels willen ist die Schickeria?

Wieder zu Hause schalte ich meinen Computer an. Auf der Webseite vom *H'ugo's* finde ich einen Artikel aus der *BILD*, die den frisch renovierten Laden als »italienisches Wohnzimmer der Münchner Schickeria« bezeichnet. Die Wiedereröffnungsparty sei ein »Schaulaufen der Society« gewesen: »Zahnärzte, Schönheitschirurgen, mehr oder weniger bekannte TV-Leute (Mark Keller, Peyman Amin) und viele heiße langbeinige Damen. [...] Mit dabei: Model und Moderatorin Sandra Ahrabian, die gerade ihren 32. Geburtstag feierte.« Aha. Nach meiner Google-Recherche komme ich zum folgenden eher schmerzlichen Ergebnis: Mark Keller – Nebenrollendarsteller in *Der Bergdoktor*, Peyman Amin – ehemaliger Juror von *Germany's Next Topmodel* und Sandra Ahrabian – Moderatorin bei 9Live. Herrje! Das also ist unsere neue Münchner Schickeria?

Es hilft nichts, ich muss ins *P1*.

Ach, was tue ich nicht alles für dieses Buch! Mitternacht ist jetzt bereits vorbei. Bis ich mich geschminkt und umgezogen habe und dort bin, ist es sicher 1:30 Uhr. Außerdem ist heute Donnerstag – das macht die Sache also nicht einfacher, aber bestimmt aufschlussreicher.

Voller Erwartung stakse ich los. Ich finde schon das Gehen in meinen hochhackigen Schuhen nicht einfach. Mir ist unbegreiflich, wie frau sogar Highheels tragen kann, ohne dabei ständig umzuknicken! Die beiden Türsteher sehen mich kommen, ich versuche betont lässig zu wirken, obwohl ich in Wirklichkeit ziemlich aufgeregt bin. Knacks. Na bitte, gestolpert. Jetzt kann ich's vergessen. Die beiden Türsteher grinsen.

»Geht's wieder?«, fragt einer.

»Ja«, sage ich verlegen.

»Na, dann viel Spaß!«

»Kann ich rein?«

»Scheint so!«

»Und wo muss ich Eintritt bezahlen?«

»Ach so, du bist Touri. Dann 'nen schönen Abend!«

Ich kann mein Glück kaum fassen! Kein Warten in der Schlange (weil es gar keine Schlange gibt), ich darf eintreten und der Schuppen kostet nicht einmal Eintritt!

Drinnen ist es dunkel und viel kleiner, als ich erwartet habe. Über der Bar glänzen Leuchtdioden, in einem offenen Glaskasten brennt ein

Feuer und aus den Boxen hämmert House-Musik – oder Elektro, so genau weiß ich das leider nie. Auf der Tanzfläche bewegen sich zwei Krawattenträger und drei stark geschminkte blonde Hungerhaken in Miniröckchen und Highheels im Rhythmus der Musik.

Um meinen Einstand zu feiern, bestelle ich bei der Barfrau ein Glas Rotwein.

»Rotwein haben wir nur in der Flasche.«

»Dann eben Weißwein.«

Sie stellt mir ein Glas hin, das sie mit einem Schluck Weißwein gefüllt und mit fünf Eiswürfeln aufgepeppt hat. Das Schlimmste aber kommt erst noch: »Acht Euro!«

Ich lege wortlos zehn Euro auf die Theke, die sie wie selbstverständlich in die Kasse steckt.

»Äh ... ich kriege noch zwei Euro!«

»Ach, die wolltest du zurück?«

Während ich an der Theke sitze, belausche ich ein Gespräch, das eine der beiden Blondinen mit einem Jungspund in rosafarbenem Hemd und weißer Stoffhose (mit Bügelfalte) führt.

»Und was machst du so?«, fragt er sie, auf seinen Segelschuhen wippend.

»Ich arbeite in so 'ner Firma.«

»Was denn für eine?«

»Kann ich so nicht sagen.«

»Aha. Bist du denn öfter hier?«

»Nee, eigentlich überhaupt nicht.«

»Also heute zum ersten Mal?«

»Nee, so kann man das auch nicht sagen.«

Na, hier scheint ja die Intelligenzia von München versammelt zu sein!

Zwei junge Männer, beide mit Föhnfrisur und in Hemden mit hochgekrempelten Ärmeln, kommen zur Tür herein, sehen sich mit prüfendem Blick um und verschwinden wieder. Immerhin scheine ich nicht die einzige Enttäuschte des Abends zu sein.

Als ich aufstehe, fasst mich jemand an der Schulter. Ich drehe mich um und sehe einem dunkelhaarigen Adonis in seine großen braunen Augen. Mein Gott! Der Abend könnte doch noch spannend werden.

»Hi! I'm from Dubai.«

»Hi, I'm from Munich«, antworte ich lächelnd.

»I'm rich. I don't work.«

»Mhm.«

»Other people work for me. I live in the Kimpensky Hotel. Come with me.«

»No, thanks«, sage ich und verschwinde in Richtung Toilette. Adonis hin oder her, aber wenn man schon in einem Nobelhotel wohnt, sollte man zumindest dessen Namen richtig aussprechen können! Auf der Toilette finde ich kein Klopapier, dafür frische Kotze auf dem Weg dorthin.

Ich bin maßlos frustriert. Überteuerte Getränke, eine blasierte Barfrau, Erbrochenes im Gang und statt schillernder Partygäste nur ein paar unbekannte einfältige Gestalten.

Am nächsten Tag setze ich mich in eine Bibliothek und blättere stundenlang die Münchner Klatschpresse durch. Neben Fotos aus L.A., Paris und Hamburg entdecke ich auch eine ganze Menge aus der bayerischen Hauptstadt: Münchner Promis auf Kinopremieren, auf Auto-Präsentationen von BMW, bei Club-Eröffnungen, bei den Opernfestspielen oder auch auf dem Sommerfest des *P1*. Immer wieder tauchen ein paar der Berühmtheiten der damaligen Schickeria auf, auch wenn sie heute natürlich ein paar Jahrzehnte älter sind und deshalb nicht mehr ganz so glamourös wirken wie damals. Vorrangig sehe ich jedoch – wie schon in dem Artikel über die Wiedereröffnung von *H'ugo's* – nur unbekannte Gesichter. Einige von ihnen sind Kinder oder sogar Enkel verblasster und verblassender Größen. Ich kenne weder ihre Vornamen, noch erkenne ich ihre Gesichter auf den Fotos, aber die Nachnamen rufen vage Erinnerungen an ehemalige Promis hervor. Und dann, natürlich, gibt es noch die FC-Bayern-Spieler, allen voran Basti Schweinsteiger. Aber können Fußballspieler und 9Live-Moderatorinnen wirklich Schauspieler wie Helmut Fischer und Cleo Kretschmer ersetzen? Dass sich inzwischen sogar die Ultras des FC Bayern, von deren Prügeleien man regelmäßig in der Zeitung liest, ebenfalls »Schickeria« nennen, trägt auch nicht unbedingt zum guten Ruf der neuen Münchner High Society bei.

Intellektuell war die Schickeria noch nie, aber es gab eine Zeit, in der sie Stil hatte. Dieser Stil scheint der heutigen Szene verloren gegangen zu sein. Sie hat an Glamour-Faktor eingebüßt und befindet sich in einem desolaten Zustand. Im Prinzip lebt sie nur noch von der Legende. Und dennoch: Sterben wird sie nie! Dafür gibt es einen einfachen Grund: München liebt die Selbstinszenierung über alle Maßen! Der Literaturkritiker Marcel Reich-Ranicki hat es 2002 wie folgt ausgedrückt: »Hier ist alles inszeniert. Anders als Berlin oder Hamburg oder Frankfurt ist München eine theatralische Stadt. Die ganze Welt ist hier eine Bühne.«

Tatsächlich stießen schon vor langer Zeit, als der Begriff der Schickeria noch gar nicht existierte, die Luxusabenteuer und Affären eines Ludwig I. auf das brennende Interesse der Münchner. Jeder weiß von Lola Montez, aber die Bewohner der bayerischen Hauptstadt wissen mehr: Hier wird nämlich gemunkelt, dass der König in seiner 36 Jahre dauernden Amtszeit insgesamt 46 Liebhaberinnen hatte! Ach ja, Ludwig I. – der hatte noch Glamour-Faktor. Wünschen wir der Stadt, dass sich endlich einmal wieder ein berühmter, reicher, charmanter und gewitzter Mensch hier niederlässt, der gerne Champagner trinkt, Partys liebt und das Blitzlichtgewitter genießen kann! Denn mit einer halbseidenen Schickeria auf der Bühne macht das Zuschauen eben auch nur halb so viel Spaß.

Kleiner Café- und Kneipenführer

Die Unprätentiösen

Na bitte, denkt ihr jetzt. Wussten wir es doch! Erst beschreibt sie uns diese unsympathischen Yuppies, die München überfluten, und gleich im Anschluss die gelackten Möchtegern-Promis. Die Sache ist klar: München ist komplett versnobt!

Aber nein. Ganz so schlimm ist es nicht. Jede Form aufsehenerregender Lebensstile schreit ja förmlich nach Gegenkulturen. Vielleicht müsst ihr in München ein bisschen länger danach suchen, aber natürlich findet ihr hier neben Hippies auch Punks, Gothics und Emos! Neulich lief mir auf der Maximilianstraße, in der sich ausnahmslos Luxusboutiquen breitgemacht haben, eine junge Frau entgegen. Sie trug ein schwarzes T-Shirt mit der Aufschrift: »Schwärzer als dieses Shirt ist nur meine Seele«. Yeah!

Aber natürlich gibt es auch unzählige Münchner, die nicht den geringsten Wert darauf legen aufzufallen. Ich spreche hier von ganz unprätentiösen Menschen, die ein stinknormales Leben führen und manchmal auch ihre Wohnung oder ihre Arbeitsstätte verlassen, um soziale Kontakte zu pflegen. Hierbei suchen sie aber weder Szene-Clubs mit Türstehern noch irgendwelche düsteren Kellerräume auf.

Eine solche unprätentiöse Münchnerin, Schriftstellerin von Beruf und seit 20 Jahren wohnhaft im Glockenbachviertel, möchte sich mit ihrer Freundin endlich mal wieder zum gemeinsamen Frühstück treffen. Also nimmt sie ihre Ledertasche vom Haken und macht sich auf den Weg in die Baaderstraße. Denn dort befindet sich das *Baader Café*, das in den 1980er Jahren der Treffpunkt der alternativen Intellektuellen war, seitdem sämtliche kurzlebigen Trends überdauert hat und nun zur festen Institution für viele Münchner geworden ist. Unsere unprätentiöse

Besucherin genießt für 5,20 Euro einen großen Teller herrlicher Blaubeer-Pancakes mit Ahornsirup, Kaffee und einen netten Plausch mit ihrer Freundin. Die gelb gestrichenen Wände heben ihre Stimmung, obwohl es draußen zu regnen angefangen hat, und lenken sie davon ab, dass sie auf einem etwas unbequemen Schulstuhl sitzt. Ihre Freundin und die anderen Gäste wirken genauso entspannt und gelassen wie sie, die Atmosphäre ist unaufgeregt und die Kellnerin freundlich. Was will man mehr?

Ein Geschichts- und Englischlehrer, der donnerstags erst um 11:30 Uhr unterrichten muss, schlendert über den Jakobsplatz zum Stadtmuseum, im dem sich – direkt gegenüber der Synagoge – das *Stadtcafé* befindet. Da es eben zu nieseln aufgehört hat und die Sonne hervorblinzelt, überlegt er kurz, ob er sich unter die alten Bäume in den idyllischen Innenhof setzen soll. Er entdeckt aber schon durch die großen Scheiben, dass sein Lieblingsplatz auf dem roten Plüschsofa frei ist und nimmt deshalb im Innenraum Platz. Er greift nach der *SZ*, bestellt sich einen Milchkaffee und fängt an zu lesen. Das Tageslicht, das durch die großen Fenster scheint, durchflutet den ganzen Raum.

Aus den Augenwinkeln sieht der Lehrer die Kellnerin mit einem Stück Obstkuchen an ihm vorbeilaufen. Er legt die Zeitung zur Seite und studiert die Kuchentheke. Die Auswahl der selbstgebackenen Torten, Tartes und Kuchen ist riesig. Soll er den Pflaumenkuchen mit Streuseln nehmen? Oder doch lieber den Käsekuchen mit Mandarine? Er entscheidet sich für eine Beeren-Tarte und lässt sich mit einem Seufzer wieder auf das weiche Plüschsofa sinken.

In der Ludwigstraße verlassen zwei Theater-wissenschafts-Studentinnen ihr Institut. Sie haben spontan beschlossen, heute die Vorlesung über die französische Klassik sausen zu lassen, weil sie die Stimme der vortragenden Profes-sorin so anstrengend finden. Sie überqueren die Schellingstraße und biegen rechts in die Ama-lienstraße ein, wo sich gleich links ihr geliebtes Oma-Café befindet, das eigentlich *Café Schneller* heißt. Als sie eintreten, steigt ihnen bereits der Duft der frischen Backwaren an der Konditorei-Theke in die Nase. Sie bestellen sich Espresso, eine Rosinenschnecke und ein Mandelhörnchen und machen es sich dann an einem der Tische im heimelig eingerichteten Hinterzimmer ge-mütlich. Sie schlagen ihre Ordner auf und fangen an, über Bertolt Brecht zu sprechen, über den sie nächste Woche im Grundkurs gemeinsam ein Referat halten müssen. Dabei essen sie genüsslich Rosinenschnecke und Mandelhörnchen, von denen sie gar nicht wissen, dass sie in der eigenen Backstube hergestellt wurden. Im Gegensatz zu vielen Szene-Cafés in der Maxvorstadt und in Schwabing existiert das *Café Schneller* bereits seit 1884 – also auch Bertolt Brecht könnte hier in seiner Münchner Zeit bereits einen Kaffee getrunken haben. Aber auch das ahnen unserer Studentinnen nicht. Sonntags hat das Café übrigens Ruhetag, aber das ist ja nicht überraschend: Am Sonntag sind hier schließlich auch keine Studenten unterwegs.

Ich selbst sitze übrigens seit zwei Stunden im *Café Ringelnatz*, meinem persönlichen Lieblingscafé. Praktischerweise liegt es bei mir gleich um die Ecke, in der Haimhauserstraße in Altschwabing. Weil die Sonne die Luft inzwischen stark erwärmt hat, sind die runden bunten Tische, die im Schatten vor dem Café stehen, fast alle besetzt. Altschwabing ist ein Viertel, in dem sich viele Bewohner untereinander kennen. Deshalb kommen hier oft Bekannte oder Freunde vorbei, die sich spontan auf einen Kaffee dazusetzen. Weil ich heute jedoch etwas Ruhe zum Schreiben brauche, habe ich mich an einen der hinteren Tische im Innenraum gesetzt. Ein Zwerg im Ringelkleidchen trampelt gerade an mir vorbei in das separate Kinderzimmer, in dem Kinderbücher und Spielzeug liegen und beschäftigt sich dort stillvergnügt mit einem Teddybär. Die Mutter trinkt währenddessen ihre Latte macchiato und liest in einer Illustrierten.

Meine vielen Gedanken über Beeren-Tartes und Rosinenschnecken haben mir ebenfalls Lust auf Essen gemacht. Die Kuchen in der Vitrine des *Café Ringelnatz* werden von Annik Wecker, der Frau von Konstantin Wecker, nach eigenen originellen Rezepten gebacken. Da es aber bereits 14 Uhr ist, bestelle ich mir das Thai Curry für 7,90 Euro, das wie immer himmlisch riecht und schmeckt!

Auch wenn ich das *Café Ringelnatz* wirklich sehr gerne mag, habe ich mir vorgenommen, öfter etwas Neues auszuprobieren. Letzte Woche war ich beispielsweise mit einem Freund zum ersten Mal im *Alten Ofen*, der immerhin auch schon seit über 30 Jahren existiert. Er befindet sich in der studentischen Maxvorstadt, jedoch am westlichen Ende der Zieblandstraße und somit in einer etwas abgelegenen Wohngegend. Zufällig habe ich dort einen ehemaligen Philosophie-Kommilitonen getroffen. Er ist schon zu Uni-Zeiten ständig im *Alten Ofen* gewesen, weil das Essen so gut und günstig war. Und da er sich hier nach wie vor so wohl fühlt, ist er immer noch regelmäßig hier. Man hat den Eindruck, dass sich unter den Gästen neben den Leuten aus der Nachbarschaft und dem Uni-Nachwuchs noch einige andere ehemalige Studenten befinden, die die Kneipe inzwischen zu ihrem Wohnzimmer ernannt haben. Draußen vor dem Eingang stehen im Sommer fast ebenso viele Tische wie in dem kleinen, urgemütlichen Innenraum. Einige Gäste kommen auch erst abends um halb elf in den *Alten Ofen*, weil es dann die berühmt-berüchtigten *Fleischpflanzerl* gibt – mit Senf und Brot und warm auf die Hand!

Die beiden Frühstückerinnen aus dem Glockenbachviertel von heute morgen haben sich schon längst auf den Heimweg gemacht. Das *Baader Café* rüstet sich allmählich zum Abendbetrieb. Statt Milchcafé und Pancakes werden nun Rotwein und Panini serviert. Um 20 Uhr öffnet gegenüber das *Zephyr*, eine der kleinsten und zugleich sympathischsten Cocktailbars der Stadt, in der sich heute zwei Grafiker aus Berlin verabredet haben. Sie sind beide für einen neuen Job nach München gekommen und hatten befürchtet, dass sie sich in dieser Stadt niemals wohlfühlen würden. Dann haben sie jedoch glücklicherweise das *Zephyr* entdeckt, in dem »Schickimicki« und »Staralüren« Fremdwörter zu sein scheinen. Die beiden kommen meistens nur unter der Woche her, weil die Bar am Wochenende oft sehr voll ist. Sie sitzen auf der Fensterbank und schlürfen an ihren Cocktails, die ihnen einer der besten Cocktailmixer Münchens eben mit größter Sorgfalt gemixt hat. Die Auswahl auf der Karte ist klein, aber auf Nachfrage bekommen sie so ziemlich alles, was ihr Herz höher schlagen lässt. Einer trinkt gefrorenen schwarzen Ribisel-Daiquiri, der andere Gin Gin Mule: Gin, Zucker, Limettensaft und frische Minze werden im Shaker geschüttelt, mit Ginger Beer aufgefüllt und mit Minze und Gurkenscheiben garniert.

Gurkenscheiben sind auch Bestandteil des stadtbekannten Cocktails Munich Mule, den gerade ein frisch verliebtes Pärchen nur ein paar Meter weiter im *Für Freunde* in der Reichenbachstraße trinkt. Wie die beiden Designer sitzen auch sie auf der Fensterbank, die jedoch viel breiter und bequemer ist als im *Zephyr*. Vor lauter Verliebtheit nehmen sie die Retro-Tapete gar nicht wahr, die an den typischen Berliner Kneipenstil erinnert. Im *Für Freunde* ist heute nicht viel los, aber das ist unserem verliebten Pärchen nur recht. Während sie ihm aufgeregt von dem Kontrolleur erzählt, der sie eben beim Schwarzfahren erwischt hat, sieht er ihren Fingern dabei zu, wie sie mit den Fransen des Fenstervorhangs spielen. Die kleine Bar, die in rotes Licht getaucht ist, zaubert in den Gästen Glücksgefühle herbei.

Erinnerungen an Berliner Kneipen weckt auch das *Holy Home*, das in seinem Charme von kaum einer Münchner Kneipe zu überbieten ist. Deshalb sind auch unsere beiden Designer inzwischen noch für ein kleines Absacker-Beck's hier gelandet. Sie begreifen gar nicht recht, warum sie sich in dieser Bar so zu Hause fühlen. Weil die Kneipe so winzig ist, dass gerade mal vier Tische hineinpassen? Weil der DJ so gute Musik auflegt? Wegen des überdimensionierten Setzkastens hinter der Bar, gefüllt mit vielen Flaschen und lauter Krimskrams? Oder weil die wenigen Tische immer voll besetzt sind, sodass man schon fast automatisch mit den Tischnachbarn ins Gespräch kommt? Jetzt gerade unterhalten sich die beiden Designer mit zwei jungen Frauen, die ebenfalls frisch nach München gezogen sind. Sie kommen aus Nürnberg und verstehen sich als Fränkinnen (und somit als Nicht-Bayerinnen!) mit den Berlinern auf Anhieb.

Während es für die vier noch eine sehr lange Nacht wird, in der Kulturgut auf jede nur erdenkliche Art und Weise ausgetauscht wird, hat sich unser verliebtes Pärchen mit einem zärtlichen Kuss voneinander getrennt. Der ehemalige Philosophie-Student ist in seine kleine Wohnung in der Au zurückgekehrt, sitzt mit Schopenhauers *Die Welt als Wille und Vorstellung* auf seinem Flohmarkt-Sofa und grübelt über die wahre Bedeutung von Musik nach. Der Geschichts- und Englischlehrer hat sich kurzfristig entschlossen, zur Spätvorstellung ins Kino zu gehen. Während das kleine Mädchen aus dem *Café Ringelnatz* selig in seinem Bettchen schlummert, wälzt sich seine Mutter neben ihrem schnarchenden Mann im Ehebett hin und her. Die junge Frau, die vor einigen Wochen noch ein T-Shirt mit dem Aufdruck »Schwärzer als dieses Shirt ist nur meine Seele« trug, hat sich vor einigen Tagen versehentlich in einen Esoteriker verliebt. Sie trägt jetzt übergangsweise orangefarbene Shirts. Das besagte Oberteil hat sie ganz hinten im Schrank versteckt.

»Wir schließen jetzt!«, ruft mir plötzlich die Kellnerin vom *Café Ringelnatz* zu. Ich stelle fest, dass ich der letzte Gast im Café bin und packe Block, Stift und Notizzettel in meine Tasche. An der Theke zahle ich bei der Kellnerin das Gemüsecurry, zwei Chai-Tees und ein Glas Rotwein, bedanke mich herzlich für den wunderbaren Nachmittag und Abend und mache mich auf den Heimweg.

Auswahl einiger weiterer unprätentiöser Cafés und Bars

Es gibt in München natürlich noch mehr Cafés und Bars, in denen eine angenehm unaufgeregte und gemütliche Atmosphäre herrscht. Hier seien euch deshalb noch ein paar weitere empfohlen, die ich persönlich sehr schätze:

* Lecker frühstücken im Jugendstil-Dekor oder auf der idyllischen Terrasse: das **Café im Hinterhof** (Sedanstraße 29, Haidhausen)
* Vivaldi- und Mozart-Frühstück wie im Wiener Kaffeehaus: das **Mariandl** bzw. **Café am Beethovenplatz** (Goethestraße 51, Ludwigsvorstadt)

* Morgens auf der Dachterrasse frühstücken, abends unter 30 Weinsorten wählen: das *Café Ruffini* (Orffstraße 22-24, Neuhausen)
* Uriges Wirtshaus, in dem Studenten und Alteingesessene gleichermaßen ihr Bierchen trinken: das *Atzinger* (Schellingstraße 9, Maxvorstadt)
* Lounge-Atmosphäre für Junge und jung Geliebene: die *Joseph Bar* (Klenzestraße 99, Glockenbachviertel) – direkt nebenan kann man übrigens im *Maria* frühstücken und nachmittags bei *Jessas* ein selbstgemachtes Schoko-Chili- oder Käsekuchen-Eis kaufen! Und nein, es handelt sich hier keinesfalls um verkappte christliche Begegnungsstätten ...

Versteckte Armut

Die BISS-Verkäufer

Er steht am Marienplatz, Ausgang Kaufingerstraße und sucht den Blick der vorbeieilenden Passanten. Auf dem Magazin, das er mit einer Hand in die Höhe hält, ist in großen roten Lettern »BISS« zu lesen. Ab und an bleibt jemand vor ihm stehen, drückt ihm zwei Euro in die Hand, woraufhin er ein Heft übergibt und sich mit einem freundlichen Nicken bedankt. Seine beigefarbene Hose, die lindgrüne Jacke und das blau-weiß karierte Hemd wirken schlicht und gepflegt. Obwohl seine Haare schon ein wenig schütter sind, macht er für seine 74 Jahre einen erstaunlich vitalen Eindruck.

Die Rede ist von Tibor Adamec, dem berühmtesten Verkäufer der Straßenzeitung *BISS* in München. Er ist schon seit Gründung der Zeitung 1993 dabei und hat aufgrund seines hohen Alters schon zahlreiche Ehrungen erhalten. In fast allen Münchner Zeitungen und sogar im Fernsehen wurde bereits über ihn berichtet. Wenn er nicht gerade schläft oder seine allmorgendlichen Langstreckenläufe absolviert, verkauft er im Untergeschoss der S- und U-Bahn am Marienplatz oder im Biergarten am Viktualienmarkt seine Zeitung – bis zu sieben Tage die Woche, oft von neun Uhr morgens bis spät abends. In den letzten 18 Jahren hat er bereits eine Reihe von Stammkunden gewonnen. »Auch ein paar Prominente sind unter ihnen«, sagt er mir mit leiser, bedächtiger Stimme und einem ernsten Blick aus seinen glasklaren, hellblauen Augen.

Mit 56 Jahren wurde er arbeitslos und vom Arbeitsamt als »unvermittelbar« eingestuft. Als er von dem neuen *BISS*-Projekt hörte, bewarb er sich und wurde sofort genommen. Trotz anfänglicher Skepsis bemerkte er schnell, wie viel Spaß ihm die Arbeit macht und wie viel Bestätigung er durch sie bekommt. »Fast jeden Tag sagen mir Kunden, wie bewundernswert sie mich und meine

Arbeit finden. Manche erkennen mich sogar, weil sie mich im Fernsehen gesehen haben. Und zum 75. Geburtstag schaut bestimmt auch wieder der Bürgermeister vorbei. Ich bin noch nie in meinem Leben so geehrt worden wie in den letzten Jahren!«

Berühmtheit und Wohlstand sind leider zwei Paar Stiefel. Tibor Adamec bezieht nur eine sehr kleine Rente und muss sich mit dem Verkauf der Zeitung Geld dazuverdienen, um sich sein Leben finanzieren zu können. Deshalb ist er den Initiatoren von *BISS* natürlich sehr dankbar.

»BISS« – das bedeutet: Bürger in sozialen Schwierigkeiten. Die monatliche Straßenzeitung verfolgt einen klassischen sozialpädagogischen Ansatz: Sie will Bürgern in sozialen Schwierigkeiten helfen, sich selbst zu helfen. 35.000 Exemplare werden monatlich gedruckt, und die meisten auch verkauft. Damit ist *BISS* eine der erfolgreichsten Straßenzeitungen in ganz Deutschland. Im Gegensatz zu manch anderen wird *BISS* zwar von obdachlosen und ehemals obdachlosen Menschen auf der Straße verkauft, die Artikel stammen jedoch größtenteils von einer professionellen Redaktion. In einem Heft mit dem Titel »Nackt« wurde gleichermaßen über die Durchleuchtung von Hartz-IV-Beziehern, über Datenklau im Internet und über Münchner Nacktbader berichtet. Eine Ausgabe über die Isar thematisierte einerseits die Flanier-, Grill- und Partymeile am Münchner Fluss, andererseits die Schlafplätze einiger Obdachloser, die sich ebenfalls an der Isar befinden.

Am Ausgang Schellingstraße des U-Bahn-Zwischengeschosses Universität steht Swen Wawarofsky. Er ist nicht nur *BISS*-Verkäufer, sondern auch Teilnehmer der angeschlossenen Schreibwerkstatt, die einmal in der Woche stattfindet. Mit Hilfe einer Journalistin formulieren die Teilnehmer dort ihre Gedanken und Ansichten, die später in der Straßenzeitung veröffentlicht werden. In einem Artikel über seinen Standplatz schreibt Swen Wawarofsky: »Wenn die Leute von der U-Bahn hochkommen, gucken sie entweder zur Decke oder auf den Boden, jedenfalls nicht auf mich. Später, wenn sie dann auf dem Rückweg wieder an mir vorbeigehen, kaufen sie aber doch oft eine Zeitung – das habe ich schon beobachtet.«

Bevor der jetzige *BISS*-Verkäufer nach München kam, lebte er in Berlin. Dort verkaufte er ein halbes Jahr lang die Straßenzeitung *Straßen-*

feger, die im Gegensatz zu *BISS* auch in den S-, U- und Tram-Bahnen verkauft werden darf. Dass ihm diese Arbeit in Berlin nicht halb so viel Spaß gemacht hat wie in München, ist kaum verwunderlich. Wer schon einmal in Berlin war und sich nicht nur mit dem Taxi von Sehenswürdigkeit zu Sehenswürdigkeit chauffieren ließ, wird bemerkt haben, wie omnipräsent die Verkäufer der vielen Straßenzeitungen dort sind: Die Konkurrenz untereinander ist ungleich höher als in München. Die potenziellen Käufer haben in Berlin außerdem meistens weniger Geld als hier und reagieren auf den ständigen und überall stattfindenden Verkauf von Straßenzeitschriften gerne etwas genervt – und das schlägt sich natürlich auch auf die Laune und nicht selten recht aggressive Verkaufsstrategie der Straßenzeitungshändler nieder.

BISS-Verkäufer gibt es in München gerade einmal 100, von denen 34 sogar fest angestellt sind. Die meisten von ihnen haben einen regulären Standplatz, nur wenige laufen umher und sprechen die Passanten auf der Straße an. Doch fast immer sind sie bescheiden, unaufdringlich und freundlich. Und die Chance ist hoch, dass sie Gespräche mit Käufern als positiv und sehr willkommen betrachten. In München gehört es deshalb zum guten Ton, regelmäßig das *BISS*-Heft zu kaufen.

Wenn man in einer Stadt lebt, die eine Arbeitslosenquote von unter fünf Prozent aufzuweisen hat, kann man schon ab und an vergessen, dass es dort überhaupt Armut gibt. Armut und Reichtum sind bekanntermaßen relativ und werden von den Betroffenen immer in Bezug zum Umfeld erlebt. Gerade in einer Stadt wie München kann Armut also eine ganz besonders bittere Erfahrung sein. Die Ausgrenzung wird hier stärker empfunden, weil sich der allgemeine Wohlstand in so hohen Lebenshaltungs- und Wohnkosten niederschlägt.

In reichen Städten wie München wird Armut zudem oft versteckt. Laut des Münchner Armutsreports von 2007 gibt es knapp 180.000 Menschen in München, die als arm gelten, etwa 100.000 von ihnen beziehen ihre Grundsicherung vom Staat. Die anderen, immerhin 44 Prozent, nehmen die Hilfe nicht an, zumeist aus Schamgefühl.

Die *BISS*-Verkäufer können zwischen beiden Welten vermitteln. Sie sind ein Verbindungsglied zwischen dem teuren München, in dem sie ihre Zeitschrift verkaufen, und dem für so viele Einwohner unsichtbaren armen München, aus dem sie kommen oder in das sie gerutscht sind.

Der *BISS*-Verkäufer im neuen durchgestylten S- und U-Bahn-Untergeschoss des Stachus' steht dort wie ein Mahnmal und erinnert daran, dass sich nur ein Stückchen weiter, irgendwo hinter dem Hauptbahnhof, eine Goethestraße befindet, die weder mit der deutschen Klassik noch mit dem Postkarten-München etwas zu tun hat. Neubauten reihen sich hier an Neubauten, Sex-Shops an Ein-Euro-Märkte und Dönerläden an Asia-Imbissbuden. Abends bieten hier osteuropäische und afrikanische Frauen ihren Körper an.

Die *BISS*-Verkäuferin in der Nähe der U-Bahnstation Königsplatz, an dem täglich die erhabenen Richard-Strauß-Melodien erklingen, erinnert daran, dass es bis Milbertshofen nur ein paar Stationen sind, wo es keine sanierten Altbauwohnungen gibt, sondern nur verhältnismäßig günstige und einfache Wohnungen in grün und gelb angestrichenen, kasernenartigen Neubaublocks. Statt Designerläden und Feinkostgeschäften findet man hier Billig-Klamottenläden, *Lidl* und *Netto*. Star-Friseure sucht man hier natürlich vergebens, stattdessen kann man sich im *Salon Super Cut 1* für nur acht Euro die Haare

schneiden lassen. Die Welt der Clubs mit Tür-
stehern und der Bars, in denen man den Munich
Mule trinkt, kennt man hier aus dem Fernsehen.
Hier trinken abends ein paar wenige ihr Bier im
Mayflower oder in *Irmgards Stüberl.*

Schon nach wenigen Minuten beginnt man,
das München, in dem man sich eben noch befand, zu vergessen. An den Klingelschildern stehen Namen wie Zhou, Vozlic, Kreuzer, Adeli und
Marteza. Eine alte Frau guckt aus dem Fenster
und beobachtet die vier türkischen Kinder, die
im Hof Fangen spielen. Aus einer Wohnung
klingt laute aggressive Musik, aus einer anderen
Hansi Hinterseer. Der Besitzer des Geschäfts
für medizinische Fußpflege verlässt seinen Laden schon am frühen Nachmittag und schließt
die Tür hinter sich zu. Ein alter Mann mit Stock
schiebt zitternd ein Geldstück in den Zeitungs-
kasten und nimmt sich die Tageszeitung heraus.
Der Verkäufer von *Pizza Pasta Milbertshofen* wartet vergeblich auf Kundschaft und der Verkäufer
des *BISS*-Heftes am Königsplatz drückt mir eine
Straßenzeitung in die Hand und wünscht mir
noch einen schönen Tag.

Und auf meinem Heimweg sehe ich sie plötzlich: Die unauffälligen, sich vorsichtig umblicken-

den Menschen, die plötzlich ganz schnell eine Hand in den Mülleimer stecken und geschickt eine Pfandflasche hervorziehen. Die alte Frau dort, die sich schnell die halbe Pizza stibitzt, die ein Jugendlicher auf dem Stehtisch vor dem Imbiss liegengelassen hat. Und den Obdachlosen, der da hinten in der Ecke versteckt in seinem Schlafsack schläft. Es ist seltsam, wie leicht sich all das auch ganz einfach übersehen lässt.

Ein paar Tage später. Ein neuer Monat hat angefangen, also nehme ich an der U-Bahn-Station den Ausgang Schellingstraße, um mir bei Herrn Wawarofsky die neue *BISS* zu holen. Er ist nicht da, auch zwei Tage später nicht. Auf mein Nachfragen bei der *BISS*-Redaktion erfahre ich, dass Herr Wawarofsky gekündigt hat: »Er hat eine Frau gefunden, zieht ins Allgäu und ist ziemlich glücklich – und wir sind es auch. Denn außer, dass er eine Frau gefunden hat, geht er ohne Schulden und mit komplettem Gebiss von *BISS* weg.«

Ich freue mich ebenfalls für ihn, bin aber zugleich etwas traurig. Hoffentlich nimmt ein neuer *BISS*-Verkäufer seinen Platz ein! Es ist gut, wenn man in einer vermeintlich heilen Welt ab und zu an deren Illusion erinnert wird.

Stadtführungen von *BISS*

Wenn ihr Lust habt, mehr über dieses Thema zu erfahren, empfehle ich euch eine Stadtführung von *BISS*. Statt über das Glockenspiel, die Frauenkirche und die Residenz werdet ihr über die Anlaufstellen für Menschen in Not informiert. Gezeigt werden Stätten, wo Wohnungslose leben, wo Arbeitslose Arbeit finden und wo scheinbar Chancenlosen eine Chance gegeben wird.

Zu entdecken gibt es viel: Das Büro des Magazins, in dem ihr über die Geschichte und Arbeitsweise von *BISS* informiert werdet, Betriebe, die Langzeitarbeitslose und psychisch kranke Menschen ausbilden, alkoholfreie Gaststätten, in denen ehemals Suchtkranke arbeiten und Obdachlosenheime, deren Bewohner Einblicke in ihr Leben vermitteln. Ihr dürft einen Blick hinter die Kulissen werfen, die keineswegs nur die Schattenseiten des Lebens offenbaren, sondern auch große Erfolge und positive Entwicklungen.

Angeboten werden unterschiedliche Führungen, die für Erwachsene jeweils 10 Euro kosten, für Schüler, Studenten und Hartz-IV-Empfänger 3 Euro.

Meldet euch telefonisch im *BISS*-Büro an
unter 089 / 33 20 33 oder per E-Mail:
stadtfuehrung@biss-magazin.de

München leuchtet

Die Kreativen

> *Ich gehe noch weiter: München ist die*
> *einzige Stadt in Deutschland,*
> *wo Dichter leben können!*
> **Theodor Fontane**

Dieser Text ist ein Aufruf – ein Aufruf an alle Kreativen, nicht nach Berlin zu gehen, sondern nach München. Das mag euch jetzt recht merkwürdig erscheinen, vielleicht sogar absurd oder lachhaft, aber ich meine es vollkommen ernst.

Immer wieder wird behauptet, München wäre schon allein aufgrund des Wohlstands konservativ und wenig offen gegenüber unkonventionellen Ideen. Es wäre kein Platz für anderes, Neues, Originelles. Falsch.

Schauen wir zurück: München um die vorletzte Jahrhundertwende. Berlin wird unterjocht von der Moral des Kaisers, der mit seinen fortschrittsfeindlichen Wertvorstellungen jegliche Ansätze von neuem geistigen Ideengut untergräbt. Aus heutiger Sicht kaum zu glauben: Damals verfügt Berlin über wesentlich mehr Kapital und Industrie als München. Künstler und Kreative wandern ab, und zwar nach München! Hier, unter dem moderaten und kulturbegeisterten Prinzregenten Luitpold und dank seines großzügigen Mäzenatentums etabliert sich endgültig *die* Stadt der Kunst im Deutschen Reich. Hier kann man freier atmen als in Berlin, hier kann man Neues wagen. Die neu gegründete Akademie der Künste lockt bildende Künstler aus der ganzen Welt nach München – genauer gesagt: nach Schwabing. Das Stadtviertel ist damals noch ein kleines, bäuerliches Dorf, das eben erst nach München eingemeindet worden ist, sich in direkter Nähe zur Akademie in der Maxvorstadt befindet und eine Menge billiger Wohnungen zu bieten hat. Ein Paradies für Künstler und Kreative! Die 1896 von Georg Hirth gegründete Zeitschrift *Jugend* wird zu einem wichtigen Sprachrohr der bunten Münchner Kultur- und Literaturszene und ist Teil und Namensgeber einer Bewegung, die ganz Europa erfasst: Jugendstil in Deutschland, Sezession in Österreich, Art Nouveau in Frankreich und Modern Style in England. Der Dramatiker Frank Wedekind wird von diesem Stadtteil aus mit seinen Theaterstücken und Satiren die kaiserlich-bürgerliche Moral konterkarieren. Ein russischer, damals noch vollkommen unbekannter Emigrant wird hier eine Partei neuen Typs entwickeln, die später einmal das Zarenreich zum Einsturz bringen wird. Ein Maler, ebenfalls russischer Herkunft, wird das erste abstrakte Aquarell entwerfen und damit die gesamte Kunstszene in Aufruhr versetzen. Aus heutiger Sicht große, damals jedoch noch unbekannte Schriftsteller wie Thomas und Heinrich Mann, Rainer Maria Rilke, Stephan George, Hugo Ball, Joachim Ringelnatz und viele andere strömen aus allen Richtungen des gesamten Reichs nach München respektive nach Schwabing, um dort zu leben und zu arbeiten. Das erste literarische Kabarett des deutschen Reiches, Die Elf Scharfrichter, wird gegründet. Ein paar Jahre später wird die Münchner Künstlergruppe Der Blaue Reiter ins Leben gerufen. Die Gräfin Franziska zu Reventlow wird, mit ein wenig Abstand zu ihrem ausgelassenen und jegliche bis dahin geltende Moral über Bord werfenden Leben, ihr geliebtes Viertel Schwabing »Wahnmoching« nennen.

Genau dieses Wahnmoching wird von vielen seit langer Zeit für tot erklärt. Tatsächlich wanderten bereits in den ›goldenen 20er Jahren‹ viele der Schwabinger Künstler nach Berlin ab. Ihr Treffpunkt wurde vom Schwabinger *Café Stephanie* (das sich – wie auch die berühmte Künstlerkneipe *Simplicissimus* – genau genommen im Stadtteil Maxvorstadt befindet) in das *Café des Westens* am Ku'Damm verlegt. Nach dem Zweiten Weltkrieg, der die Künstlerszene im gesamten deutschsprachigen Raum lahmlegte, kommen große Unternehmen nach München und sorgen für den industriellen Aufschwung, der langfristig dazu führt, dass München nun an erster Stelle als glänzender Wirtschaftsstandort wahrgenommen wird.

Ein paar wichtige künstlerische Impulse gibt es in den nächsten Jahrzehnten aus Schwabing dennoch. Der Maler Oswald Malura stampft eigenhändig die erste Schwabinger Galerie aus dem Kriegsschutt heraus. Peter Paul Althaus, ein ehemaliger Mitarbeiter der Zeitschriften *Jugend* und *Simplicissimus*, veröffentlicht 1951 seinen Gedichtband *In der Traumstadt*, der das Viertel in eine neue poetische Aura taucht. Fünf Jahre später gründen Dieter Hildebrandt und Sammy Drechsel die Münchner Lach- und Schießgesellschaft, die zu den wichtigsten politischen Kabarettbühnen nach dem Zweiten Weltkrieg zählt. 1961 wird der renommierte Schwabinger Kunstpreis ins Leben gerufen, der noch heute alljährlich verliehen wird. Im Juni 1962 kommt es außerdem unter der studentischen Jugend zu den sogenannten Schwabinger Krawallen, die rückblickend oft als ein erster Auftakt zur europaweiten Jugendrevolte der 1960er Jahre bewertet werden.

Dennoch ist es wohl richtig, dass das Künstlerviertel nach dem Zweiten Weltkrieg den Anschluss an seine goldenen Zeiten nicht mehr finden kann. Die Kunstrevolutionen finden nun anderswo statt, nicht zuletzt in Amerika. In Schwabing setzt eine Nostalgiewelle ein, die das einstige Wahnmoching zu verklären und kommerziell auszubeuten versucht, was vor allem die Miet- und Gastronomiepreise in die Höhe treibt. Es wird – wie das Quartier Latin in Paris – zum

Amüsier- und Touristenviertel. Man hofft auf das Viertel Haidhausen als neues Künstlerquartier, schließlich auf das Glockenbachviertel, das zeitweise zu einem ›Kreativpool‹ von München aufsteigt. Doch der Ruf der bayerischen Hauptstadt ist für Künstler bereits hinüber: München, so heißt es damals und so heißt es noch immer, wäre saturiert, Platz für neue Ideen gäbe es nicht mehr.

Und so wandern immer wieder junge kreative Köpfe nach Berlin ab, so wie es sie auch aus anderen Städten in die deutsche Hauptstadt zieht. Das kulturelle Leben dort gilt als aufregender, die Wohnungen sind deutlich günstiger. »In Berlin pulsiert das Leben!«, heißt es immer wieder. Das, was heute als Grund gilt, nach Berlin zu ziehen, motivierte vor langer Zeit die Künstler, sich in München niederzulassen. »München leuchtete«, schrieb Thomas Mann 1902 in seiner Novelle *Gladius Dei*. Und heute? Ist München nun wirklich gesättigt und ruht sich in seinem prunkvollen Designer-Bett aus, anstatt – von neuen kreativen Energien geschüttelt – schlaflose Nächte zu verbringen?

Ich kann den Nach-Berlin-Ziehern ihr Handeln kaum übel nehmen, schließlich habe ich es vor ein paar Jahren genauso gemacht. Und dennoch spüre ich, seit ich wieder in München bin, dass sich an der Stimmung in der Stadt etwas geändert hat. Irgendetwas tut sich neuerdings in München, irgendetwas hämmert und pocht und rumort. Dem scheinbar so gesättigten Ort knurrt der Magen.

Einen der entscheidenden Impulse, zumindest in Altschwabing, gibt wohl Till Hofmann. Ein paar wenigen Straßenzügen, die zeitweise ein einziges Sinnbild für Komasaufen und quietschende Reifen von Porsche-Imitaten waren, verhilft er zu einer neuen kulturellen Blüte: 1996 übernimmt er das Lustspielhaus, das inzwischen zu den wichtigsten Kleinkunstbühnen in Deutschland zählt. Auch die *Münchner Lach- und Schießgesellschaft*, die kurz vor der Schließung stand, erweckt er zu neuem Leben, ebenso die ehemalige Kneipe und Kleinkunstbühne der in den 1960er Jahren ebenfalls berühmten Schwabinger Gisela, die nun Vereinsheim heißt. Um auch noch der hier einstmals so blühenden bildenden Kunst gerecht zu werden, eröffnet Hofmann im Frühjahr 2011 außerdem die Galerie *Truk Tschechtarow*. Eine zweite Blüte erlebt gerade auch die ehemalige Wohnung des Malers Oswald Maluras, in der ein Jahrzehnt lang auf der *Bürgerversammlung der Traumstadt* hochkarätige Künstler ausstellten und auftraten und die nun als Ort für kulturelle Begegnungen wiederbelebt wird.

Als Frank Baumbauer 2002 eines der beiden renommiertesten Theaterhäuser der Stadt, die Münchner Kammerspiele, übernimmt und dem Münchner Publikum mit ein paar Skandal-Inszenierungen ordentlich einheizt, kündigen zwar ein paar pikierte Münchner ihr Abonnement, doch in die eingeschlafene Theaterszene der Stadt kommt endlich wieder Leben. Mit Johan Simons an den Kammerspielen und Martin Kušej am Residenztheater wird das wohl auch noch eine Weile so bleiben. Außerdem gibt es zahlreiche kleine Off-Theater wie das Theater am Sozialamt (TamS) und das Metropol-Theater, die mit wenig Geld, großartigen Schauspielern und geistreichen Regisseuren Publikum und Kritiker regelmäßig verblüffen.

Die Literaturszene von München, das mit rund 180 Verlagen die größte Verlagsstadt Europas ist, scheint so lebendig wie schon lange nicht mehr. Das Literaturhaus, das 1997 am Salvatorplatz, im Herzen von München, eröffnet, stellt neben renommierten Autoren auch unbekannte Schriftsteller vor. Es versteht sich selbst als

»Treffpunkt für Buchtrinker und Seitenfresser, Kinoerzähler und Flaneure, Lohnschreiber und Föhnforscher, Billigfresser und Hungerkünstler, Radardenker und Tagträumer, dicke Dichter und sanfte Irre«, als »ein Fluchtraum im Dickicht der Städte für alle, die Melodien lauschen oder einfach nur auf Godot warten wollen«. Seit 2010 gibt es endlich auch ein eigenständiges und sehr innovatives Literaturfestival, das *Literaturfest München*, das jedes Jahr einen neuen Autor als Kurator ernennt – ein originelles Konzept, das nirgends sonst in Deutschland zu finden ist.

Auch für Filmemacher in spe lohnt es sich, nach München zu kommen: Die HFF ist nicht nur die renommierteste Filmhochschule von Deutschland, auch die Filmförderung werden vom Bayerischen Rundfunk und dem FilmFernsehFonds Bayern sehr großzügig gehandhabt.

Neue Impulse kommen vorrangig nicht von der etablierten Kunst, sondern von den Subkulturen, von brodelnder Kreativität im Untergrund, die sich noch nicht bewährt hat, noch unfertigen Charakter trägt. Und die lebt entgegen mancher Auffassung natürlich auch in München. Münchens Poetry Slam im *Substanz*, einer der ersten im deutschsprachigen Raum, zählt dank seiner Organisatoren Ko Bylanzky und Rayl Patzak nach wie vor zu den größten und wichtigsten Deutschlands. Fabian Kournettas hat mit seinen Freunden Partys ins Leben gerufen, die *So not Berlin* heißen. Der Mittzwanziger lehnt sich bewusst gegen die gängige Meinung auf, alles Kreative käme aus Berlin. Er möchte vielmehr zeigen, wie lebenswert und andersartig auch München sein kann. Lisa Brettel, zwischenzeitlich nach Berlin abgewandert, ist mit ihrem Label *aufgebretzelt* wieder nach München zurückgekommen. Mit viel Sinn für Originalität entwirft sie Dirndl und arbeitet an einem Modestil, der typisch ist für die bayerische Metropole und dennoch Menschen auf der ganzen Welt gefällt. Und im Schwabinger Vereinsheim tummeln sich jeden Montag Kleinkünstler auf der Bühne, die sich nicht selten über typisch bayerische oder münchnerische Marotten mokieren und die Großkünstler von morgen sein könnten.

Die Band LaBrassBanda aus dem Chiemgau, deren Mitglieder inzwischen größtenteils in München und im Münchner Umland wohnen, hat diese Hürde bereits genommen: 2007 gegründet, tourt die Gruppe, die grundsätzlich in Lederhosn auftritt und auf innovative Weise bayerische Volksmusik mit Punk und anderen modernen Stilrichtungen verbindet, erfolgreich durch die Kontinente.

Es tut sich also schon einiges in München, aber natürlich könnte es noch viel mehr sein! Deshalb, liebe Kreative, seid doch bitte so liebenswürdig und kommt nach München! Ja, die Wohnungen sind teuer, aber dafür verdient man hier besser – auch als Künstler. In Berlin gibt es aufgrund der inzwischen unüberschaubaren Zahl an Künstlern einen so hohen Konkurrenzdruck, dass viele trotz niedriger Mieten kaum überleben können.

Außerdem müsst ihr mir helfen, die Yuppies in ihre Schranken zu weisen, die diese Stadt gerade einnehmen wollen! Das ist doch mal eine anspruchsvolle Aufgabe, die viel Originalität und Kreativität erfordert! Am liebsten wäre mir, ihr zieht zu mir nach Schwabing. Lassen wir Wahnmoching zu einer neuen Blüte emporwachsen! Aber wenn ihr unbedingt ins Gärtnerplatzviertel oder ins Westend ziehen wollt, soll's mir auch recht sein. Hauptsache, ihr kommt in die Stadt, von der Matthias Politycki, Schriftsteller und Kurator des Programms *forum:autoren* beim *Literaturfest* 2011, behauptet: »München ist eine Art zu leben und zu denken, ein Prinzip. Dieses Prinzip ist durch kein Berlin zu ersetzen.«

Die Schwabinger Gisela und das Vereinsheim

Ob angezogen oder als ein Nackter,
Der Nowak hat am ganzen Leib Charakter.
Schwabinger Gisela

Gerade hatte die *Schwabinger Laterne* im Vereinsheim Premiere, ein Musical, in dem die Geschichte der Schwabinger Gisela und ihrer Kneipe in der Occamstraße erzählt wird. Die ehrwürdige Dame und seinerzeit jüngste Wirtin Deutschlands kam sogar zur Premiere und sagte zum Abschluss ein paar rührende Dankesworte.

Es ist schon merkwürdig, wenn Geschichte plötzlich so lebendig wird. Hier, im heutigen Vereinsheim, spielten auch schon vor knapp 60 Jahren Kleinkünstler auf der Bühne. Udo Jürgens verdiente sich damals als Bar-Pianist seine Gulaschsuppe. Das Publikum war bunt bis prominent, die Schwabinger Gisela eine Institution. »Eine gebildete Dame mit stark unzüchtigem

Charakter« wurde sie genannt, weil sie in ihren Chansons, die sie jeden Abend mit ihrer dunklen, rauchigen Stimme aufs Neue vortrug, von Dingen sang, die damals als verrucht galten.

Das Lokal war lange Zeit geschlossen. Erst vor ein paar Jahren öffnete es wieder, unter einem neuen Namen: Vereinsheim. Jeden Sonntag verwandelt sich die Kneipe in eine Kleinkunstbühne oder genauer gesagt: in eine Lesebühne, denn die *Schwabinger Schaumschläger* Michael Sailer, Moses Wolff und ihre Gäste unterhalten das Publikum auf vergnüglichste Weise mit ihren Geschichten, in denen sich Alltägliches und Surreales die Hand reichen. Montags findet der inzwischen legendär gewordene *Blickpunkt Spot* statt: Ein gemischter Abend, auf dem bekannte und unbekannte Kabarettisten, Comedians, Liedermacher, Sänger und Clowns dem Publikum Ausschnitte aus ihren Bühnenprogrammen präsentieren. Dienstag bis Donnerstag treten im Vereinsheim oft Kleinkünstler mit ihren Soloprogrammen auf. Mit ein bisschen Glück könnt ihr dort Künstler aus direkter Nähe erleben, die ihr euch ein paar Jahre später nur noch durch ein Fernglas im Circus Krone anschauen könnt.

Der Eintritt kostet übrigens meistens nur 5–12 Euro, das Vereinsheim findet ihr in der Occamstraße 8. Aber psst! Ist ein Geheimtipp, also nicht weitersagen!

Unsere Freunde und Helfer

Die Münchner Beschützer

Wir sind urwüchsig und frei.
Wir sind international gesinnt.
Un, zwo, trois gsuffa!
Es lebe unsere Polizei!
Wer unsere Behörde nicht liebt,
der spinnt.
Joachim Ringelnatz

München, soviel ist sicher, ist eine enorm sichere Stadt. Glaubt man der Statistik des Bundeskriminalamtes, hat München von allen deutschen Großstädten (ab 200.000 Einwohnern) prozentual mit Abstand die wenigsten Verbrechen zu verzeichnen.

Dieser Umstand hängt natürlich wieder einmal zu einem beträchtlichen Teil mit dem Münchner Wohlstand zusammen: Das Gros der Münchner besitzt ausreichend Geld und kommt deshalb gar nicht erst auf die Idee, anderen ihr Geld wegzunehmen! (Reisende sollten deshalb übrigens auch immer eine Adresse im Geldbeutel vermerken, damit der leutselige Münchner Finder im Falle eines Verlusts weiß, wo er ihn hinschicken soll.)

Wenn ihr euch ins Münchner Nachtleben stürzen wollt, müsst ihr nicht ständig auf euren Geldbeutel aufpassen, ganz im Gegenteil: Ihr könnt ihn sogar hemmungslos auf den Tischen in Bars, Kneipen und Diskos liegenlassen, wenn ihr beispielsweise einmal kurz auf die Toilette müsst. Die einzige Gefahr besteht darin, dass euch dabei ein Münchner beobachtet, der selbst so viel Geld mit sich herumschleppt, dass es ihm bereits zur Last wird. In diesem Fall könnte es passieren, dass sich einige zusätzliche Münzen und Scheine in eurem Geldbeutel befinden, wenn ihr wiederkommt.

Ihr könnt euch also in München getrost zurücklehnen und sicher fühlen. So sicher allerdings, dass euch manchmal durchaus etwas mulmig werden könnte. Und das zu Recht! Denn trotz aller Vorteile, die München in Sicherheitsfragen zu bieten hat, birgt diese Stadt eine große Gefahr, die in der Statistik des Bundeskriminalamtes nicht erfasst wird. Gerade von Nicht-Münchnern wird sie oft und gerne unterschätzt: Es handelt sich um eine ganz bestimmte Spezies Mensch, die in München wesentlich häufiger zu finden ist als in jeder anderen Großstadt. Diese Spezies schafft es immer wieder auf sehr trickreiche Art und Weise, ihrem Opfer das Geld aus der Tasche zu ziehen.

Das Perfide ist, dass diese Menschen sogar offiziell vom Staat als Beschützer eingesetzt werden, um für die Sicherheit der Münchner zu sorgen. Glücklicherweise tragen sie meistens Einheitskleidung, sodass sie auch von Nicht-Münchnern leicht identifiziert werden können: Ihr erkennt sie am harmlos wirkenden grünen Käppchen auf dem Kopf und dem Fred-Feuerstein-Knüppel an der Hüfte.

Über die Tricks der sogenannten Beschützer wissen nur die wenigsten Nicht-Münchner Bescheid. So verstecken sich die grünen Männchen etwa stundenlang zu zweit hinter einem Gebüsch und harren dort ihrer Opfer. Und wenn dann tatsächlich ein bis dahin völlig unschuldiger, gedankenverlorener Student die Fäden des Netzes streift, in dem die Beschützer wie Spinnen auf ihn warten, ist es auch schon um ihn geschehen. Er läuft über die rote Ampel einer kleinen einspurigen Straße, da weit und breit kein Auto zu sehen ist, und zack! – schon greifen die Beschützer zu. Breitschultrig und breit grinsend stellen sie sich vor ihm auf und knöpfen ihm zehn Euro ab, weil er die Straßenverkehrsordnung nicht respektiert hat. Wer versehentlich mit seinem Fahrrad den Fahrradweg in die falsche Richtung befährt, muss den Münchner Beschützern sogar 100 Euro bezahlen. Und wenn ihr euch nichts ahnend im Englischen Garten sonnt, kann es passieren, dass sich einer der Beschützer das Recht herausnimmt, mit einer kleinen Taschenlampe in euren Augen nach Drogenproblemen zu suchen.

Trotzdem ist es möglich, sich vor den Beschützern zu schützen. Wir Münchner zumindest haben eine effiziente Methode entwickelt, um ihnen so gut wie möglich auszuweichen. Sie besteht darin, den Beschützern erst gar keinen Anlass zu bieten, auf uns aufmerksam zu werden. Wie oft habe ich Berliner oder Kölner über den Konformismus und die Regelhörigkeit der Münchner lästern hören! Doch hier liegt ein großes Missverständnis vor. Denn natürlich empfinden auch wir Münchner es als albern, wenn wir an einer leergefegten Straße darauf warten, dass ein mechanisches Leuchtmännchen seine Farbe wechselt. Aber auf diese Weise schützen wir uns vor den für München typischen Gefahrenherden. In dieser Stadt werdet ihr deshalb übrigens auch nur sehr wenige langhaarige Männer, Menschen mit Dreadlocks oder ungewöhnlicher und ausgeflippter Kleidung entdecken. Denn wir sind vorsichtig geworden und versuchen, möglichst wenig aus der Masse herauszustechen, um den Kontrollen der Beschützer zu entgehen.

Wenn ihr euch also nicht unnötig Geld aus der Tasche ziehen lassen oder anderweitig belästigt werden wollt, solltet ihr euch ebenfalls anpassen. Kauft euch notfalls Perücken, unauffällige Kleidung im Münchner Schwarz- und Beige-Look und haltet euch an alle Verkehrsregeln, auch wenn sie euch noch so sinnlos erscheinen! Und solltet ihr dennoch einmal in die Fänge der Münchner Beschützer geraten, seht bitte von Handgreiflichkeiten ab. Stattdessen empfehle ich, mit diesen Menschen sehr höflich und freundlich umzugehen und sie – trotz aller Absurdität – für ihre Beschäftigung zu loben. Versucht, Verständnis für ihre Lage aufzubringen! Denn vor langer Zeit waren all diese Beschützer Idealisten. Sie waren überzeugt davon, dass ihnen ihr Beruf ein aufregendes Leben bescheren würde, in dem sie Leben retten und Menschen vor schweren Verbrechen schützen dürften. In vielen anderen Großstädten hätten sie diesem Ideal tatsächlich nacheifern können, schließlich gibt es auch in jeder anderen Stadt Beschützer. Aber sie hatten das Pech, ausgerechnet im ruhigen München, einer der sichersten Großstädte Europas, eingesetzt zu werden. Hier wäre ein großes oder zumindest mittelschweres Verbrechen Balsam für ihre unruhige Seele! Aber nein, stattdessen müssen sie in dieser hübschen Stadt mit ihren friedliebenden Bewohnern ihre Zeit totschlagen. Ich persönlich halte es in dieser deprimierenden Lage für äußerst verständlich, dass sich Frustration in ihnen breitmacht.

Seid also bei einem Zusammentreffen nett zu ihnen. Lobt sie dafür, dass sie stundenlang hinter dem Gebüsch ausgeharrt haben, um gerade auf euch zu warten! Zahlt ihnen bereitwillig das Geld, das sie von euch fordern! Fragt nicht nach einer Studentenermäßigung! Gebt ihnen etwas Trinkgeld! Lobt sie für ihre Arbeit! Erzählt ihnen, wie glücklich ihr seid, dass sie euch beschützen! Gönnt den Münchner Beschützern ihre kleinen Freuden!

Straftaten in Deutschland im Jahr 2010

Stadt	Straftaten insgesamt	Straftaten pro 1.000 Einw.
Frankfurt a.M.	107.356	164
Berlin	475.022	144
Köln	136.679	136
Hamburg	224.775	133
Stuttgart	58.352	100
Bielefeld	27.892	84
München	102.229	75

(Quelle: Bundeskriminalamt: *Polizeiliche Kriminalstatistik 2010*, S. 20.)

In München sind 7.000 Polizisten im Einsatz. Im Jahre 2010 haben sich 1.300 Menschen dabei erwischen lassen, als sie über rote Ampeln liefen, und 5.327 Radfahrer wurden wegen Rotlichtmissachtung beanstandet. Dank dieses Umstands sind der Stadt mindestens 246.215 Euro zugeflossen.

Auf geht's zur Wiesn

Die Oktoberfestbesucher

Karoline: Ich möchte jetzt mal mit der Achterbahn fahren.
Schürzinger: Das ist ein teurer Spaß.
Karoline: Aber jetzt bin ich auf dem Oktoberfest und
ich hab es mir vorgenommen. Geh fahrens halt mit!
Ödön von Horváth, *Kasimir und Karoline*

Im Jahr 2010 wurden auf dem größten Volksfest der Welt insgesamt 6,4 Millionen Besucher gezählt. Ich frage mich immer, wie man solche Zahlen überhaupt ermittelt. Ob das Münchner Kindl, das die Ankommenden auf dem grün bewachsenen Tor am offiziellen Eingang mit offenen Armen empfängt, eine Strichliste macht? Oder ob in dieses Plastikmännchen eine kleine Maschine eingebaut wurde, die jedes Mal registriert, wenn jemand das Tor passiert? Was aber, wenn sich einer heimlich zurückschleicht und immer, immer wieder durch das Tor läuft, um die Zahl künstlich zu erhöhen? Vielleicht, um einer Dame, die im Tourismusamt für die Statistiken zuständig ist und in die er sehr verliebt ist, eine kleine Freude zu bereiten? Oder was wäre, wenn jemand 16 Tage lang (denn so lange dauert die Wiesn) von morgens bis abends am Tor steht und den Besuchern erklärt, dass sie keinesfalls durch das Tor laufen dürfen, weil das Unglück bringe, und er so die Besucherzahl drastisch verringern würde? Beispielsweise, um einer Dame, die im Tourismusamt für die Statistiken zuständig ist und die ihn neulich verlassen hat, eins auszuwischen? (Ihr habt vermutlich bereits gemerkt, dass ich persönlich eine große Liebhaberin von Statistiken und Zahlen bin. Ob und wie weit sie euch selbst beeindrucken – das sei an dieser Stelle einmal gesagt – bleibt natürlich jedem selbst überlassen.)

Aber wie dem auch sei: Das Oktoberfest hat auf jeden Fall sehr viele Besucher, selbst bei schlechtem Wetter. Wenn ihr also unter Klaustrophobie leidet, seht euch das Ganze am besten schon morgens an oder geht um zwölf Uhr zur Mittagswiesn. Zu dieser Zeit bekommt man meistens problemlos noch einen Platz im oder vorm Bierzelt – und im vordersten Waggon des *Olympia-Loopings*! Die einzelnen Runden der Fahrgeschäfte dauern zu dieser Zeit oft sogar doppelt so lange wie abends.

Nicht alle Münchner sind Wiesnbesucher, so mancher Münchner bezeichnet sich sogar als ausgewiesenen Wiesnhasser. Aber ihr könnt davon ausgehen, dass die Münchner, die die Wiesn einmal bis mehrfach pro Saison ansteuern (und das ist die Mehrheit), in diesem Metier bereits Profis sind. Dementsprechend benehmen sie sich nicht wie die Debütanten, die zum Beispiel aus Australien oder den USA anreisen und das Oktoberfest das erste Mal in ihrem Leben zu Gesicht bekommen. Damit ihr klassische Anfängerfehler von vornherein vermeiden und euch gleich wie die Profis verhalten könnt, gebe ich euch für euren Wiesnbesuch im Folgenden ein paar Tipps.

1. Kleiderordnung

Natürlich gibt es auf einem so weltoffenen Fest wie der Wiesn keine Kleiderordnung. Dennoch hat sich in den letzten Jahren immer mehr der Trend zur Tracht durchgesetzt, und zwar bei alten und jungen Besuchern gleichermaßen. Mir wurde diese Entwicklung erst bewusst, als mir vor zwei Jahren eine Bekannte aus Lübeck erzählte, dass sie zur Wiesn nach München reisen und sich dafür ein Dirndl zulegen werde. Ich selbst habe mich lange dagegen gewehrt, bin jedoch letztes Jahr schwach geworden und habe mir ebenfalls ein Dirndl gekauft. Viele Münchnerinnen (und zwar auch die, die aus dem Ausland hergezogen sind!) haben sogar gleich mehrere bei sich im Schrank hängen und kaufen sich jedes Jahr noch ein weiteres dazu. Falls ihr also mal etwas Besonderes ausprobieren wollt, kauft euch Trachten! In den Wochen vor der Wiesn sieht man in den Schaufenstern der ganzen Stadt nur noch Trachtenmode, oft auch *second hand*. Ihr werdet also keine Schwierigkeiten haben, ein passendes Geschäft zu finden.

Für die Männer gilt das Gleiche wie beim normalen Hosenkauf auch: Die Lederhosn sollte bequem sitzen und Hosenträger haben. Kombiniert wird sie mit einem blütenweißen oder karierten Hemd und Haferlschuhen oder schlichten Schnürschuhen, basta. Alle weiteren Accessoires sind Schnickschnack und wirken – bei Männern wie bei Frauen – fast immer übertrieben und karnevalistisch.

Für die Frauen gilt: Weiße Bluse, Dirndl mit Schürze und Schuhe je nach Geschmack – nur Turnschuhe wirken oft gewollt originell. Die Länge des Kleides kann variieren, allerdings sei an dieser Stelle vor einem ganz kurzen Dirndl gewarnt: Angetrunkene Männer in Wiesnzelten wollen oft nicht nur gern anfassen, sondern auch drunter schau'n ... Die Bluse hingegen darf vorne und auch an den Schultern richtig tief und weit ausgeschnitten sein. Da werden die Männer zwar auch glotzen und gaffen und stieren und träumen, aber zumindest trauen sie sich nicht hinzulangen (eine Ausnahme: im *Löwenbräuzelt*, aber dazu kommen wir noch). Es gibt übrigens durchaus auch immer wieder Frauen, die auf der Wiesn Lederhosn tragen. Wenn ihr das tun wollt, seid ihr natürlich herzlich dazu eingeladen, solltet euch jedoch bewusst sein, dass ihr damit kein Tabu brecht und deshalb weder mutig noch rebellisch wirkt. Selbst Männer in Dirndln sind bereits gesichtet worden ...

Moderne Trachten werden auf der Wiesn tatsächlich als sehr trendy und sexy empfunden. Junge Frauen, die das ganze Jahr über bei *H&M* und

Promod shoppen, tragen im September plötzlich Schürzenkleider, und wenn sie ganz besonders schick sein wollen, kombinieren sie sie mit Highheels. Wer glaubt, Trachten tragen sei bieder und althergebracht, irrt sich. Im Gegenteil: Während es nach dem Zweiten Weltkrieg auf der Wiesn verpönt war, kamen Dirndl und Lederhosn erst in den 1980er Jahren langsam wieder auf. Inzwischen hat man den Eindruck, ihre Beliebtheit nimmt jedes Jahr noch weiter zu.

2. Der Hin- und Rückweg

Profi-Wiesnbesucher wissen nicht nur, was sie zur Wiesn anziehen, sondern auch, wie und wann man sich dem Ort des Geschehens am besten annähert. Der Trick ist recht einfach: Ihr solltet mit der S-, U- oder Tram-Bahn auf etwa 500 Meter heranfahren, dann aussteigen und zur Theresienwiese zu Fuß gehen.

Das einzig Interessante, was ihr dabei verpasst, ist die Aufsichtsperson, die mit der gleichen Verve wie ein Club-Animateur von einer extra für die Wiesn eingerichteten Kanzel herab die Menschenmassen, die am U-Bahnhof Theresienwiese ankommen, Trippelschritt für Trippelschritt zum

Ausgang lotst. Aber keine Sorge: Die 500 Meter, die ihr jetzt zu Fuß bewältigt, seid ihr vermutlich nach Beendigung eures Wiesnausflugs nicht mehr fähig zu gehen. Das heißt, ihr werdet dann wohl oder übel doch die U-Bahn von der Theresienwiese aus nehmen und euch mit genau dieser Situation konfrontieren müssen, vor der ich euch zumindest auf dem Hinweg bewahren möchte. Der Animateur wird noch immer dort sein und versuchen, euch zu beruhigen und klar zu machen, dass es eben fünf U-Bahnen dauert, bis ihr in der ersten Reihe steht und die U-Bahn euch mitnimmt. Es ist nicht schlimm, wenn ihr aufgrund des ungewohnt hohen Alkoholpegels im Blut nicht mehr stehen könnt, denn die Massen um euch herum werden euch auch so aufrechthalten. Vermutlich kann niemand mehr alleine stehen, aber alle zusammen halten sich dann doch ganz gut. Nur die erste Reihe ganz vorne muss sich ein bisschen mehr anstrengen, will sie nicht aus Versehen aufs Gleis fallen.

3. Das Wiesnherz

Während der Profi nun meistens gleich auf sein Lieblingszelt zusteuert, dreht der Anfänger gerne noch ein paar Runden über die Wiesn und stellt erstaunt fest, dass sich unter seinen Füßen kein Gras, sondern Asphalt befindet. Er wird an den vielen Ständen vorbeikommen, an denen nicht nur rote Liebesäpfel und Magenbrot verkauft werden, sondern sich auch ganze Ochsen und jede Menge Hühner am Spieß drehen. Mit etwas Glück entdeckt er sogar den legendären Vogeljakob, der auf seinen Pfeifen zwitschert, den riesigen King Kong vor der Geisterbahn und den Schichtl, auf dessen Bühne täglich mindestens 25 Köpfe abgeschlagen werden. Vielleicht läuft er sogar am Hau-den-Lukas-Stand vorbei, an dem gerade mal wieder ein Mann seine Frau damit beeindrucken möchte, wie stark er ist. Oder an der Schiffschaukel, die jemand vor klatschendem Publikum erfolgreich in den Überschlag zwingt. Und wenn er ganz viel Muße mitbringt, kann er nun sogar noch über die neu eingerichtete *Oide Wiesn* im Südteil der Theresienwiese schlendern, auf der es ein historisches Bierzelt und Fahrgeschäfte von anno dazumal zu entdecken gibt.

Wenn sich der eigentliche Höhepunkt – der Besuch im Bierzelt – nähert, wird noch schnell ein Lebkuchenherz gekauft und der oder dem Angebeteten als Liebesbeweis gleich um den

Hals gehängt. Falls er oder sie nicht anwesend sein sollte, wird das Herz auch gerne in den heimischen Gefilden als Mitbringsel übergeben.

Um das Wiesnherz weht, wie auch um die bayerische Breze, ein großes Geheimnis. Wer einmal in Bayern eine Breze probiert hat, weiß, wie herrlich sie schmeckt: Innen weich und saftig, außen salzig und knusprig. Wer jedoch versuchen sollte, sie aus Bayern herauszuschmuggeln, wird bemerkt haben, dass sie sofort fad schmeckt, sobald sie über die Grenze gelangt. Hattet ihr das Laugengebäck in einer Papiertüte aufbewahrt, ist es nun hart und trocken. War es in einen Plastikbeutel verpackt, wird es jetzt zäh und labberig sein.

Genau das gleiche Phänomen ist beim Wiesnherz zu beobachten: Zurück in der Heimatstadt ist es ungenießbar geworden. Weil viele um diesen Umstand wissen, essen sie das Herz erst gar nicht, sondern hängen es stattdessen an die Tür oder über das Bett, wo es dann monatelang an die Liebe zwischen Schenker und Beschenkten erinnern soll. Wenn man arg Pech hat, beißt sich irgendwann ein Brotkäfer durch die Hinterseite in den Teig und niedliche kleine Mehlmottenlarven nisten sich darin ein, während vorne die Zucker-

gussschrift »Ich liebe dich« oder »Mein Schatz«
zu bröckeln beginnt.

Alle Erfahrungsberichte und empirischen
Untersuchungen weisen darauf hin: Breze und
Wiesnherzes scheinen nach einem bayerischen
Spezialrezept gebacken zu werden. Sobald das
Herz die Grenzen Bayerns überschreitet, manchmal sogar schon, wenn es über die Stadtgrenze
Münchens gelangt, schmeckt es nicht mehr. Das
ist der Preis, den der Münchenbesucher dafür
zu zahlen hat, dass er sein Herz nicht noch auf
Münchner Boden verzehrt. Auf diese Weise setzen die Münchner ein klares Zeichen: Wenn ir-
gendjemand meint, er könne der ›Weltstadt mit
Herz‹ ihr Innerstes entreißen und entführen, wird
er sich daran die Zähne ausbeißen. Dann also
doch lieber das Herz einfach schnell aufessen.

(Kritiker behaupten übrigens, die Wiesnher-
zen schmeckten auch innerhalb der Grenzen
Münchens fad und trocken und die Bäcker würden nur darauf spekulieren, dass die Touristen einem Verkaufsgag erliegen und einen tatsächlich
sehr hohen Preis für ein von vornherein schlecht
schmeckendes Gebäck bezahlen – Gründe wären
beispielsweise die genannten Gefühlsbekundun-
gen an den Liebsten oder die Liebste. Gespro-

172

chen wird hier von sogenannter »käuflicher Romantik«, da sich die Käufer von romantisierten Vorstellungen leiten lassen, die nicht real existieren, sondern nur von der kapitalistischen Gesellschaft zum Zweck der Gewinnmaximierung kreiert worden sind. Aber wer glaubt schon so einen Unsinn?!)

4. Die Qual der Wahl des Wiesnzeltes

Hat der Wiesnbesucher nun genug von Lebkuchen, gebrannten Mandeln und Loopings, biegt er von der Straße der Fahrgeschäfte ab in die Parallelstraße, in der sich die Bierzelte befinden. Jetzt stellt sich die Frage: Welches der vielen Wiesnzelte ist das beste?

Die Münchner sind sich da weitgehend einig: »Das Hacker!« Vor einigen Jahren hätte das Urteil vielleicht noch »Das Augustiner!« gelautet, schon allein, weil Augustiner-Bräu *das* Lieblingsbier der Münchner herstellt (Augustiner Helles). Aber auch wenn der Garten vom ***Augustiner-Zelt*** immer noch mit Abstand der schönste und die Stimmung im Zelt gut ist, wirkt hier doch alles – schon allein wegen der Band, die doch ein wenig zu brav und traditionell vor sich hindudelt – etwas gediegen. Nein, das **Hacker-Festzelt** hat dem *Augustiner* den Rang abgelaufen: Nirgends geht es gleichzeitig so urig, wild und stimmungsvoll zu wie hier. Das Publikum ist untouristisch und gut gelaunt, vom Wirt Toni Roiderer hört man nur Gutes und das breite Repertoire der von allen Hacker-Fans heißgeliebten Band reicht von den Sportfreunden Stiller bis AC/DC.

Die kleine Schwester des *Hacker-Zeltes* ist die **Bräurosl**, in der ebenfalls Hacker-Pschorr-Bier ausgeschenkt wird. Die Band aus diesem Zelt kann nicht ganz mit jener im etwas größeren *Hacker-Festzelt* mithalten, dafür findet jeden ersten Sonntag der Schwulentag statt. An diesem Tag wird hier – vor allem auf dem Balkon! – einer sexuellen Freizügigkeit gefrönt, die man den Münchnern gar nicht zugetraut hätte!

Viel kleiner, aber auch recht sympathisch geht es im Zelt der **Fischer-Vroni** zu – vorausgesetzt, man wird überhaupt noch hineingelassen, denn es zählt meistens zu den ersten Zelten, die wegen hoher Besucherzahlen dichtgemacht werden. Zu trinken gibt es Augustiner-Bräu und als kulinarische Spezialität den *Steckerlfisch*. Wie in der *Bräurosl* gibt es auch hier einen Schwulentag, er findet am zweiten Wiesnmontag statt.

Hinter dem *Winzerer Fähndl*, erkennbar am großen Turm mit dem sich drehenden Maßkrug an der Spitze, versteckt sich Paulaner – ein Bier, das die meisten Münchner tolerieren und akzeptieren, wenn sie es auch nicht gerade zum Himmel preisen. Ebenfalls Paulaner zu trinken gibt es in der *Ochsenbraterei*, einem eher gediegenen Zelt, in dem – wie der Name schon verrät – Ochsen gegrillt werden.

Während es sich bei all den aufgezählten um traditionelle Zelte handelt, die selten von Touristen aufgesucht werden, versammeln sich im *Löwenbräu-Festzelt* neben Einheimischen auch gerne Amerikaner, da das Bier bereits in den 1970er Jahren in die USA exportiert wurde und auch heute noch das bekannteste der Münchner Biere im Ausland ist. Das Bier ist in Ordnung, die Band mäßig, das Bedienungspersonal aber sehr gut organisiert und vielleicht das freundlichste auf der ganzen Wiesn.

Der *Schottenhamel* wird nicht unbedingt von Münchnern, aber viel von Bayern aufgesucht. Hier feiert das Umland, neben Einwohnern aus Ebersberg und Fürstenfeldbruck auch die etwas betuchteren Grünwalder und Starnberger. Dass hier Spaten-Bier getrunken wird, scheint sie vom Feiern nicht abzuhalten. Schon an den teuren Dirndln der jungen Frauen und an den trendigen Halstüchern der jungen Männer deutet sich eine gewisse Tendenz zum Schickimicki an, dem jedoch vorrangig in den drei folgenden Zelten gefrönt wird.

Das wohl absurdeste der drei Promi-Zelte ist das **Weinzelt**, das eigentlich rein gar nichts mit der Wiesn zu tun hat. Hier wird für sündhaft viel Geld Wein, Champagner und Weißbier getrunken. Es geht einzig ums Sehen und Gesehen werden – wer auf der Wiesn im Weinzelt sitzt, geht auch in Italien asiatisch essen.

Schon ein wenig angenehmer ist das **Käfer-Zelt** (offiziell die *Käfer Wiesn-Schänke*), auch wenn man hier ohne Reservierung kaum reinkommt. Da es – wie alle drei Promi-Zelte – länger geöffnet ist, drängen sich die Leute vor allem ab 22:30 Uhr in einer Schlange vor der Tür des inzwischen voll besetzten Zeltes. Um Boris Becker und Lothar Matthäus einmal in ›echt‹ zu sehen, wird hier für die gleichen Unsummen getrunken und gegessen wie im **Hippodrom**, in das man inzwischen ohne Reservierung auch kaum mehr hineingelassen wird. War das *Hippodrom* früher eher traditionell, ist es in den letzten Jahren zu *dem* Zelt der High Society avanciert. Zu sehen gibt's also auch hier altbekannte Gesichter wie Verona Pooth und Roberto Blanco. Hoffentlich sind sie auch tatsächlich anwesend! Denn irgendwie muss man sich ja vom Spaten-Bier ablenken.

Auch wenn hier ein paar weitere Zelte unerwähnt bleiben, muss ich dringend noch auf ein letztes eingehen: Das *Hofbräu-Festzelt*, die Eskalation aller Wiesnzelte, das vorrangig von Touristen aus dem englischsprachigen Raum besucht wird. Hier schwimmt alles, auf den Tischen und auf dem Boden – man will lieber gar nicht so genau wissen, um was für Flüssigkeiten es sich dabei handelt. Die Band spielt am liebsten *Oh, du lieber Augustin, Country Roads* und den bayerischen Defiliermarsch, wozu aus voller Kehle von allen Seiten mitgegrölt wird. Außerdem meint das Publikum fälschlicherweise, es gehöre zur bayerischen Tradition, seine sekundären oder auch primären Geschlechtsteile der Welt zur Schau zu stellen. Und zu allem Übel gibt es auch noch Hofbräu-Bier zu trinken. Na, egal, jeder soll nach seiner Façon glücklich werden.

5. Im Zelt

Das größte Problem der meisten unerfahrenen Oktoberfestbesucher besteht darin, dass sich während ihres munteren Wiesnherzkaufs und ihrer Entscheidungsfindung für das passende Bierzelt die Profis bereits in die Zelte begeben haben und diese ab einer bestimmten Besucherzahl geschlossen werden. Das heißt, er kommt in sein ausgewähltes Zelt nun gar nicht mehr hinein.

Am Wochenende – vor allem jedoch am mittleren Wochenende, an dem schon allein ganz Italien auf der Wiesn feiert – werden die Zelte oft bereits um 14 Uhr geschlossen. Der Türsteher lässt euch also nur noch vorbei, wenn ihr euch brav in die Schlange stellt und abwartet, bis ein paar Wiesnbesucher drinnen die Nase voll haben und gehen. *Falls* da drinnen überhaupt jemand die Nase voll hat und geht! Wenn ihr es dennoch irgendwie geschafft haben solltet, euch am Türsteher vorbeizumogeln (als einzelne Frau mit tief ausgeschnittenem Dirndl sollte man es auf jeden Fall einmal mit kokettem Augenaufschlag und flehendem Betteln versuchen) und ihr euch im völlig überfüllten Bierzelt Zentimeter um Zentimeter fortbewegt, werdet ihr gleich auf das nächste Problem stoßen: Natürlich sind auch keine Sitzplätze mehr frei!

Frauen und Männer sitzen und stehen bereits auf ihren Bänken, heben ihre Maßkrüge in die

Höhe und grölen »Nüchtern bin ich so schüchtern, aber voll, da bin ich toll!« mit der Blaskapelle mit. Eine Blumenverkäuferin quetscht sich durch die Reihen und versucht mit einem etwas gequälten Lächeln ihre Rosen zu verkaufen.

Wohin man schaut, überall wird getrunken, geturtelt, getorkelt. Es ist gar nicht so leicht, sich in dieser unübersichtlichen Masse zurechtzufinden. Hat man dann doch noch irgendwie und irgendwo einen freien Platz ergattert, sollte man sich schleunigst hinsetzen. Wenn die Bedienung vorbeikommt und ihre zehn vollen Maßkrüge auf den Tisch stellt, die sie eben allein durch das halbe Bierzelt geschleppt hat, zahlt man ihr auch gerne knapp zehn Euro dafür, dass man einen der vollen Krüge abbekommt. Und wenn dann wieder einmal alle aufstehen, um mit verklärten Augen »Ein Prosit, ein Prosit der Gemütlichkeit!« zu schmettern, macht einfach munter mit! Beim dritten Mal empfindet es jeder als das Normalste auf der ganzen Welt. Nur eines noch: Werden im Anschluss daran am ganzen Tisch die Bierkrüge aneinandergeschlagen, ruft bitte »Prost!« und nicht »Prosit!« – das könnte, falls ihr mit echten Bayern am Tisch sitzt, nämlich sonst recht peinlich wirken.

Der Profi-Wiesnbesucher weiß, dass er rechtzeitig zu feiern beginnen muss. Nicht nur, weil er sonst nicht mehr ins Zelt hineinkommt, sondern auch, weil bereits um 22:30 Uhr Schankschluss ist. Die Fahrgeschäfte draußen schließen, die Bierkrüge auf den Tischen sind leer, die Band hört auf zu spielen – Zeit, sich ins *Käfer-* oder *Weinzelt* hineinzuschmuggeln, in einer nahegelegenen Kneipe weiterzufeiern oder sich einfach ins Bett fallen zu lassen. Falls ihr auf dem Weg dorthin die Wiesn noch einmal überqueren müsst: Achtet nicht so sehr auf das letzte Leuchten der Fahrgeschäfte, sondern lieber darauf, wo ihr hintretet! Gerade mit offenen Schuhen könnten euch sonst aufkommende Ekelgefühle zum Schluss noch die beseelte Stimmung verderben.

6. Das Ergebnis

Im September 2010 feierte die Wiesn ihr 200-jähriges Bestehen. Zum Wiesnjubiläum wurden natürlich wieder einmal neue Rekorde erzielt: Die 6,4 Millionen Besucher haben sieben Millionen Liter Bier getrunken und dafür gesorgt, dass insgesamt fast eine Milliarde Euro Umsatz gemacht wurde. 505.000 *Hendl*, 119 Ochsen, 94

Kälber und knapp 70.000 *Schweinshaxn* wurden verspeist. Hinterlassen wurden 813 Tonnen Restmüll und 367 Tonnen Speisereste und Knochen.

Abgesehen davon haben 62 betrunkene Festbesucher mit einem der rund 1,3 Kilogramm schweren Glaskrüge aus Wut, Eifersucht oder anderen verborgenen Gründen zugeschlagen. Ein Ordner, der einen Gast davon abhalten wollte, in seinen Maßkrug zu urinieren, wurde von ihm angegriffen und gebissen. Ein Australier erlitt eine Gehirnblutung infolge einer Maßkrug-Attacke, ein Kanadier schwebte sogar in Lebensgefahr, nachdem er einen Maßkrug auf den Kopf bekommen hatte. Beide Angriffe wurden von der Staatsanwaltschaft als versuchte Tötungsdelikte gewertet. Ein Engländer wurde nach dem Besuch der Wiesn niedergestochen, außerdem fielen fünf Frauen einer Vergewaltigung zum Opfer. Weiterhin hat das Oktoberfest auch den Tod eines 72-Jährigen zu verzeichnen, der an Erbrochenem erstickte.

Von allen anderen Besuchern ist anzunehmen, dass sie wohlbehalten das Oktoberfest verlassen haben, bestenfalls mit Glücksgefühlen eingeschlafen und am nächsten Tag höchstens mit einem ordentlichen Kater erwacht sind.

Es ist übrigens nicht unwahrscheinlich, dass es einen Zusammenhang zwischen dem hohen Alkoholpegel vieler Wiesnbesucher und der ebenfalls hohen Zahl der Fundstücke gibt. Liegengelieben sind beim letzten Mal unter anderem eine Lederpeitsche, ein Mops, ein Kaninchen und eine Tuba.

Die Zahl der Fremdgeher auf der Wiesn oder im Anschluss daran kann aufgrund der Unübersichtlichkeit leider nicht ermittelt werden. Es ist jedoch zu vermuten, dass sie wesentlich höher liegt als bei den *Bayreuther Festspielen*. Auch über die Zahl der Neuverliebten, die sich auf der Wiesn kennengelernt haben, kann nur spekuliert werden. Fest steht jedoch, dass immerhin über eine Million Lebkuchenherzen verkauft worden sind – und das ist doch zumindest schon einmal vielversprechend!

Spaziergang über die Theresienwiese – einen Monat vor der Wiesn

Ende Juli stehen auf der Theresienwiese die ersten großen Laster und Campingwagen. Ganz allmählich wird sich hier in den nächsten Wochen die »Wiese« in die »Wiesn« verwandeln. Es lohnt sich, dieser Verwandlung beizuwohnen!

Der Aufbau beginnt jedes Jahr mit den Bierzelten. Holzbalkenstapel reihen sich an Metallstangenhaufen, die sich im Laufe der Zeit lichten und in große Zelte verwandelt werden. Mitte August prangen bereits die Schilder »Gut, besser, Paulaner« und »Lass dir raten, trinke Spaten« auf den halbfertigen Zelten. In den nächsten Wochen werden sie Böden bekommen, schließlich Wände, Theken, Bierbänke und Tische.

Nun liegen auch schon einzelne Teile von Achterbahnen und Falltürmen verstreut herum, Menschen sind jedoch noch kaum zu sehen. Das wenige Gras, das auf der Theresienwiese wächst, wird bald unter dem Oktoberfest begraben sein. Ein einzelner Jogger muss seine gewöhnliche Route ändern, da der Lastwagen der Riesenrutsche *Tobbogan* seinen Weg blockiert.

Schon eine Woche später kann man einem Bauarbeiter, der in der offenen Kabine eines Krans hängt, dabei zusehen, wie er das letzte Verbindungsstück des großen Loopings an der Halterung montiert. Ein Schausteller sitzt vor seinem Wohnwagen und isst ein Butterbrot. Vermutlich kennt er seinen Text bereits auswendig: »Schneller, schneller, schneller, jawoll, das macht Spaß, das macht Laune!« Er muss nicht mehr üben, sondern eher seine Stimme schonen.

Das Riesenrad steht schon, allerdings hängt erst die Hälfte der Kabinen. King Kong wird aufgestellt und dabei von ein paar Neugierigen bestaunt. Wenn man die Wiesn schon einmal erlebt hat, kann man bereits erahnen, wie sich dieser stille Ort etwa eine Woche später in eine ganz eigene Welt voller lachender, schreiender, grölender und kreischender Menschen, Lärm und Musik verwandeln wird. Noch herrscht die Ruhe vor dem Sturm. Man kann Vögel leise zwitschern hören, während neben der stolzen Bavaria, der Patronin Bayerns (und in den nächsten Tagen auch der Wiesn) die Sonne untergeht.

Je nach Laune des Münchner Kreisverwaltungsreferats wird die Theresienwiese während der Bauarbeiten abgeriegelt. Aber wenn ihr im August oder Anfang September in München weilen solltet, ist dieser Spaziergang über die Baustelle auf jeden Fall einen Versuch wert!

Jetzt wird's gemütlich

Die Biergartler

Nach Hamburg werde ich nicht zurückkehren.
Ich werde hier sehr ernsthaft, fast deutsch;
ich glaube, das tut das Bier.
Heinrich Heine, Brief aus München

Ich sitze gerade im Biergarten am Chinesischen Turm, der an sonnigen Tagen eines der beliebtesten Ausflugsziele der Münchner Touristen ist. Die Touristen vermengen sich hier mit Neu-Münchnern und Bayern aus dem Umland, die den Biergarten verkürzt »China-Turm« nennen, sowie Alteingesessenen, die sich das Privileg herausnehmen, ihn einfach nur als »Turm« zu bezeichnen.

Den Hinweg durch den Englischen Garten wies mir die Blaskapelle, die im ersten Stock des Turms *Musi* im Dreiviertel-Takt spielt und schon von Weitem zu hören war. Fälschlicherweise gilt der Biergarten am Chinesischen Turm oft als größter Biergarten Münchens. Mit seinen 5.000 Plätzen wird er in Wirklichkeit jedoch vom *Hirschgarten* in Neuhausen getoppt, der sogar 8.000 Plätze aufzuweisen hat.

Da der Frühling lacht und die Sonne lächelt, sind fast alle Holzbänke, die sich um den Turm herumgruppieren, auch tatsächlich besetzt. Ich habe mir eben beim Ausschank eine *Brezn*, *Obatzdn* und eine Maß besorgt. Natürlich könnte ich auch ein Radler oder sogar ein Glas Spezi trinken, aber ich will heute für meine Recherche unbedingt die authentische Biergartenatmosphäre erleben, und dazu gehört nun mal ein Helles. Außerdem war ich für mein Heimatbüchlein ja bereits im *P1*, da trinke ich doch so eine Maß mit Links! (Was sich dann jedoch wegen des beachtlichen Gewichts des vollen Glaskrugs selbst für mich als Linkshänderin als gar nicht so einfach herausstellt.)

Ich habe mich zu einem Pärchen an den Tisch gesetzt, das Brot, Butter, Tomaten, Kartoffelsalat und *Radi* vor sich ausgebreitet hat. Die Chance, in ein Gespräch verwickelt zu werden, wie es im Biergarten üblich ist, ist bei einem essenden Pärchen relativ gering. Heute will ich schließlich ausnahmsweise mal nicht reden, sondern schreiben. Ich lege meinen Block und ein paar Bücher auf den Tisch und zücke meinen Kugelschreiber.

»Servus Madl«, begrüßt mich plötzlich ein schon wankender Lederhosnträger und lässt sich mit einem Plumps auf den Platz mir gegenüber fallen. Mit seiner Feder am Hut sieht er aus, als wäre er gerade auf einer Exkursion mit seinem Verein zur Erhaltung des bayerischen Kulturguts aus Egmating. Ich beachte ihn nicht, er erhebt sich langsam wieder und schwankt zur nächsten Frau.

Den Biergarten-Liebhaber, auch »Biergartler« genannt, gab es in München schon lange vor den FC-Bayern-Fans und den Schwabinger Künstlern. »Angefangen hatte damals alles mit einem Verbot«, lese ich in einem Buch über die Biergartenkultur in Bayern. Laut der neuen bayerischen Brauordnung durfte nämlich im 16. Jahrhundert im Herzogtum Bayern nur noch von Ende September bis Ende April Bier gebraut werden, weil die Brandgefahr beim Sieden im Sommer zu groß war. Dieses neue Gesetz war natürlich nicht nur für die Brauer, sondern auch für die Bevölkerung ein herber Schlag. Die Brauer beschlossen also, im Frühjahr mehr Bier zu brauen und es über den Sommer einzulagern. Damit dieses Bier nicht schal und fad schmeckte, brauten sie es etwas kräftiger und gruben Keller, in denen sie es lagern konnten. Um die Keller auch in heißen Sommern kühl zu halten, bepflanzten die Brauer die Flächen darüber mit Kastanienbäumen, sodass die großen Blätter der Kastanien Schatten spendeten.

Anfang des 19. Jahrhunderts kam ein ganz besonders pfiffiger Brauer auf die Idee, unter die Kastanien Tische und Stühle zu stellen und dort sein Bier aus den Kellern direkt an die Kunden auszuschenken. Welch großartige Geschäftsidee! Das Konzept funktionierte blendend. Der einzige Nachteil: Die Wirte waren nun sauer, weil die Brauer ihr Bier einfach selbst verkauften und die Münchner im Sommer nicht mehr in ihre Gaststätten kamen. Also schritt der damalige König Ludwig I. ein und verabschiedete folgendes Gesetz: Die Brauereien durften zwar weiterhin ihr Bier selbst verkaufen, allerdings kein Essen, um den Gaststätten keine allzu große Konkurrenz zu machen. Den Münchnern jedoch war das herzlich egal, denn sie brachten daraufhin einfach ihre eigene *Brotzeit* (samt Tischtuch) mit, saßen gemütlich zusammen unter den Kastanien und tranken glücklich eine Maß nach der anderen. Heureka, der Biergarten war erfunden!

Es ist nicht sonderlich verwunderlich, dass die Wirte, um im Sommer nicht pleitezugehen, daraufhin ebenfalls auf die freien Flächen vor und hinter ihren Gaststätten Tische und Stühle stellten und sie mit Kastanien bepflanzten. Manche Münchner blieben in den Brauerei-Biergärten und nahmen sich ihre Wurst- und Käsebrote selbst mit, andere gingen nun in die Biergärten der Wirtschaften und bestellten sich dort *Weißwurscht* oder *Schweinshaxn* zum Bier. In jedem Fall jedoch waren die Münchner über diese Erfindung enorm glücklich und zufrieden.

Auch heute noch existieren in München beide Konzepte: der traditionelle Biergarten, der Wirtschaftsbiergarten mit Speisekarte und Bedienung oder aber die Mischform aus beidem, so wie auch hier am Chinesischen Turm. An Beliebtheit haben sie seit damals in keiner Weise eingebüßt, im Gegenteil: Die Münchner Biergärten, die vom zentral gelegenen Viktualienmarkt bis zu den

Randbezirken in der ganzen Stadt verteilt liegen, haben insgesamt rund 150.000 Sitzplätze zu bieten! Kein Wunder also, dass die Betreiber der Münchner Theater, Kabarettbühnen, Kinos, Yoga- und Pilatesstudios zu stöhnen beginnen, sobald im Mai die Sonne scheint: Sie werden starke Einbußen machen, denn die Biergartensaison ist wieder einmal eröffnet.

Zu dem Pärchen an meinem Tisch hat sich inzwischen ein zweites gesellt. Während sich die Frauen stumm an ihre Männer schmiegen, unterhalten sich diese angeregt. Anscheinend geht es um die unterschiedlichen Bierbrauereien in Bayern. Ich höre die Sätze »Augustiner ist ungeschlagen das Beste« und »Erdinger Weißbier is koa gscheits Bier net«. Ich lasse für den *Noagerlzuzler* einen Bierrest im Glas übrig und hole mir eine neue Maß.

Als ich durch die Reihen schlendere, entdecke ich einen Mann mit stattlicher *Wampn*, dem das Bier wohl zu Kopf gestiegen ist. Zumindest ruht er neben fünf leeren Maßkrügen, die Stirn nach unten, auf dem Tisch. An den anderen Tischen sitzen sonnenbebrillte Menschen in Trachten, Familien mit Kindern, Jugendliche in Jeans und T-Shirt, Krawattenträger und drei Punks, die sich mit den zwei älteren Damen an ihrem Tisch unterhalten. Das wirklich Wunderbare an den Biergartlern ist, dass sie in keine Klischees einzuordnen sind. Es gibt Alte und Junge, Arme und Reiche, Schicke und Alternative, Unternehmensberater und Hippie-Mädchen, Kreative und Kassiererinnen, Imbissbudenbesitzer und Intellektuelle, und jeder – soweit er noch dazu in der Lage ist – redet mit jedem. Hier ist die Welt noch in Ordnung, hier herrschen Harmonie, Geselligkeit und Zufriedenheit. In den Biergärten finden wir endlich das, was für Bayern im Allgemeinen und München im Speziellen immer wieder als wichtigstes Charakteristikum genannt wird: Die Gemütlichkeit. Im Gegensatz zu manchem Innenstadt-Café wird hier keine Gelassenheit gespielt – sie existiert wirklich. Ob man am jetzigen Glockenbachviertel, an den neuen U-Bahn-Stationen oder an der Allianz-Arena Gefallen findet – darüber kann man sich in München streiten. Aber gegen die Biergärten hat kaum jemand etwas einzuwenden. Und wenn doch, wird er sofort mundtot gemacht.

Das zumindest geschah 1995, als sich die Anwohner nahe der *Waldwirtschaft* bei Pullach über die laute Musik in den späten Abendstunden beschwerten. Die Richter ordneten daraufhin an, die Sperrstunde im Biergarten von 23:00 Uhr auf 21:30 Uhr vorzuziehen. Doch stopp: Niemand, absolut niemand nimmt den Münchnern ihre Gemütlichkeit, und wenn sie dafür dann eben auch einmal ungemütlich werden müssen! »Biergarten-Krieg – jetzt geht's richtig los«, titelte die *BILD*, und die *tz* holte mit ihrer Schlagzeile auch noch die letzten trägen Münchner aus ihren Löchern: »Münchner, macht alle mit! Am 12. Mai ist Revolution!« So wurde von den Biergartlern die »erste bayerische Biergartenrevolution« ausgerufen. 25.000 Menschen marschierten vom Marienplatz zur Bayerischen Staatskanzlei, um für den Erhalt der Biergartenkultur zu kämpfen.

Und tatsächlich: Bereits eine Woche später erließ die Bayerische Staatsregierung die *Bayerische Biergartenverordnung*, in der es nun hieß, dass der Ausschank bis 22:30 Uhr und der Betrieb um 23:00 Uhr beendet sein müssen. Es wurde nämlich einfach festgelegt, dass der Lärm nicht das Resultat einer »schädlichen Umwelteinwirkung« sei, sondern die Auswirkung eines »bayerischen Kulturguts«, das unter allen Umständen geschützt werden müsse.

Obwohl die Kläger mit ihrem Einspruch drei Jahre später immerhin doch noch einen kleinen

Erfolg feierten, da der Lärm nach neuem Gesetz in reinen Wohngebieten 55 Dezibel und in allgemeinen Wohngebieten 60 Dezibel nicht überschreiten darf, gaben die Münchner Ruhe. Auf der Straße und in den Biergärten. Und wenn es doch mal etwas lauter werden sollte, ach, dann können sich die Anwohner ja mit dem zu trösten versuchen, was der Schriftsteller Felix Philippi bereits im Jahre 1870 in seinen *Münchner Bilderbogen* schrieb: »Man spotte nicht über das Münchner Bier, über die Wichtigkeit, die man ihm beimisst, und die große Rolle, die es dort spielt.« Und, so führte Phillippi aus, »abgesehen von seinem großen gesundheitlichen Wert unterschätze man ja nicht seine soziale Bedeutung. Denn dieses Bier ist ein mächtiger politischer und gesellschaftlicher Faktor, der seit undenklichen Zeiten ein wichtiges Bindemittel zwischen den Ständen bildet, das Gegensätze ausgleicht, Härten abschleift, die Volksklassen einander nähert und den törichten Kastengeist gründlichst beseitigt.«

Ich schlage mein Buch zu. Die beiden Pärchen an meinem Tisch haben sich verabschiedet. Auch die Punks einen Tisch weiter haben sich auf den Weg gemacht. Die beiden älteren Damen sitzen

allerdings noch immer vor ihren halbvollen Bier-
krügen und unterhalten sich. Ich sehe in meinen
eigenen, leeren Maßkrug hinein.

Ob ich mir noch eine Maß holen soll? Es hat
ja schon recht gut geschmeckt, das Bier. Ach, da
fällt mir ein Witz ein: Die Braumeister von Paulaner, Löwenbräu, Spaten und Augustiner treffen
sich im Biergarten. Der Paulaner-Brauer bestellt
ein Paulaner, der Löwenbräu-Brauer ein Löwenbräu und der Spaten-Brauer ein Spaten. Nur der
Augustiner-Braumeister bestellt Spezi. »A geh
her«, meint daraufhin einer der anderen Brauer,
»wieso bestellst denn a Limonad?« – »Na«, ant-
wortet daraufhin der Augustiner-Brauer: »*Wenns
ihr koa Bier net trinkts, trink I a koans!*«

Eigentlich sollte ich mir von Augustiner-Bräu
eine Provision geben lassen.

Ich muss gähnen.

Die Sonne glitzert durch die Kastanienbäume.
Die Schatten der großen Blätter tanzen auf den
Tischen.

Ich darf das Pfand für meinen leeren Krug
nicht vergessen.

Was wollte ich sagen?

Mein Kopf wird plötzlich so schwer.

Plumps.

Lieblingsbiergärten

Natürlich hat jeder Münchner seinen eigenen Lieblingsbiergarten, der meistens nur einen Katzensprung von seinem Zuhause oder seiner Arbeitsstätte entfernt ist. Schade eigentlich, denn es gäbe so viele unterschiedliche Biergärten in München zu entdecken! Manchmal ist die Wahl des Biergartens auch eine Frage des Geldes. Nach einem bayernweiten Preisvergleich des Bayerischen Rundfunks von 2011 kostet die durchschnittliche Maß in Bamberg nur 4,60 Euro, in München hingegen 7 Euro! Günstige Biergärten in München sind beispielsweise das **Kleine Hofbräuhaus** im Englischen Garten oder der Biergarten am Olympiaturm. ›Echt‹ ist ein Biergarten immer dann, wenn man (zumindest in einem dafür ausgewiesenen Bereich) seine eigene Brotzeit mitbringen darf. Hier sind zwei meiner persönlichen Lieblinge:

Der **Aumeister** liegt ganz oben im Norden des Englischen Gartens und ist ein Biergarten im ganz klassischen und traditionellen Sinne. Von hier aus kann man das Jagdschloss von Prinzregent Luitpold aus dem Jahre 1811 bewundern, das unter Denkmalschutz steht. Da es in der unmittelbaren Umgebung keine Anwohner gibt, könnt ihr hier an lauen Sommertagen auch schon mal bis 1:00 Uhr nachts feiern! Der Maßpreis ist 6,60 Euro, ausgeschenkt wird Hofbräu-Bier.

Im ***Muffatwerk*** am Isartor gibt es weder Kastanien noch Tradition. Dennoch wagt dieser Biergarten etwas, das durchaus als revolutionär angesehen werden darf: Hier wird Biofleisch verkauft, das auch noch frisch auf einem Lavasteingrill zubereitet wird! Außerdem werden viele Salate und warme vegetarische Gerichte angeboten. Natürlich dürft ihr auch in diesen mit 300 Plätzen doch recht kleinen Biergarten eure eigene Brotzeit mitnehmen. Der Biergarten öffnet zwar unter der Woche erst am Nachmittag, aber dafür darf man hier ebenfalls bis 1:00 Uhr nachts der Gemütlichkeit frönen. Zwischendurch könnt ihr euch an den Kiesstrand der Isar setzen, der sich direkt nebenan befindet. Wenn ihr eure Augen schließt und dem Wasser lauscht, das hier durch ein Wehr von der Großen Isar in die Kleine Isar rauscht, fühlt ihr euch plötzlich dem Meer sehr nahe. Der Maßpreis liegt hier bei 6,50 Euro, ausgeschenkt wird ebenfalls Hofbräu.

Klimatische Überreaktionen

Die Föhnkranken

Dass das Gerücht, München sei im deutschlandweiten Vergleich eine reiche Stadt, den Tatsachen entspricht, wissen wir bereits. Ein weiteres Gerücht, dass München nämlich eine vergleichsweise saubere Stadt sei, stimmt übrigens ebenfalls, auch wenn dieser Umstand direkt auf ersteren zurückzuführen ist. Denn die Münchner selbst sind keinesfalls sauberer als Menschen anderswo. Man muss nur mal an einem lauen Sommerabend im Englischen Garten am Eisbach entlanggehen. Was da für Dreck herumliegt, pfui! Aber München kann sich nun mal häufigeres und gründlicheres Reinigen leisten, im Gegensatz zu weniger wohlhabenden Städten.

Nun sollte man auch meinen, in einer so sauberen und reichen Stadt wie München haben schwere Krankheiten keine Chance. Falsch gedacht! Es gibt sogar eine außerordentlich schlimme Krankheit, die hier kursiert und interessanterweise auf eine Besonderheit des Münchner Klimas zurückzuführen ist: Die Föhnkrankheit.

Ich selbst bin ebenfalls davon betroffen. Gerade heute morgen war es wieder ganz besonders schlimm: Ich habe bereits meine zweite Kopfschmerztablette genommen, aber mein Kopf brummt noch immer. Nicht, dass ich gestern zu lange gefeiert hätte! Natürlich, zwei Gläser Bio-Rosé und ein Gute-Nacht-Whisky können auch schon mal zu morgendlichem Unwohlsein führen. Aber ich spüre ganz deutlich, dass es heute einen anderen Grund gibt, für den ich keinesfalls selbst verantwortlich bin: Schuld an meinen Kopfschmerzen ist zweifellos der Föhn.

Wir Münchner sind zu Recht sehr stolz darauf, dass wir als die nördlichste Stadt Italiens gelten. Auch wenn Google bei der Suchanfrage nach »nördlichste Stadt Italiens« als Erstes auf ein Buch über Köln hinweist. In den folgenden Seiten, die Google listet, konkurrieren neben München außerdem Regensburg, Augsburg und Bonn um diesen Titel. Aber das ist natürlich absolut lächerlich! München ist nicht nur wegen der vielen heißen Sommertage und des Einflusses der italienischen Kunst und Architektur die nördlichste Stadt Italiens, sondern auch und gerade deshalb, weil wir Münchner die Auswirkungen ertragen müssen, wenn es in Italien regnet. Dann nämlich steigt die gerade frisch entwässerte Luft auf der südlichen Seite der Alpen nach oben, schwingt sich genüsslich über die Gipfel und klettert auf der nördlichen Gebirgsseite wieder nach unten. War sie vorher nur ein kleines namenloses Gebirgslüftchen, verwandelt sie sich in diesem Moment in einen sehr trockenen und aggressiven Wind namens Föhn, der direkt und ganz genau nach München weht und es auf die Bevölkerung abgesehen hat. Denn leider macht der Föhn nicht nur München zu einer veritablen Stadt Italiens, sondern bereitet auch diffuse Kopfschmerzen.

Da ich ein äußerst sensibler Mensch bin, wirkt er bei mir vermutlich besonders stark. Als Kind litt ich interessanterweise noch nicht an der Föhnkrankheit. Erst im Jugendalter habe ich sie zum ersten Mal zu spüren bekommen. Um es ganz genau festzumachen: Zufälligerweise habe ich sie exakt seit dem Zeitpunkt, als ich das erste Mal vom Föhn gehört habe.

Es muss in der sechsten oder siebten Klasse gewesen sein. Eine Klassenkameradin war zwei Tage lang nicht zum Unterricht gekommen. Als sie am dritten Tag wiederkam, fragte sie unser Klassenlehrer nach dem Grund ihres Fehlens. Ihre Antwort war kurz, schlicht und prägnant: »Der Föhn.« Unser Lehrer sah sie mitfühlend an und nickte stumm. Ein schriftliches Attest war nicht mehr nötig. Schon ein paar Wochen später hatte ich ganz plötzlich ebenfalls die Föhnkrankheit und fehlte zwei Tage in der Schule.

Seitdem befällt sie mich in unregelmäßigen Abständen, und ich kann absolut nichts dagegen tun. Leider bringen mir Nicht-Münchner oft Unverständnis entgegen. Als mein Exfreund, der damals noch mein Freund war und in Frankfurt wohnte, herausbekommen hatte, dass ich eines Abends mal kurz aus Versehen einen anderen geküsst hatte, hat er mich sofort verlassen. Dabei wehte an diesem Abend eindeutig ein starker Föhn! Ich konnte also gar nichts dafür. Na, er war eben kein Münchner und konnte wohl gar nicht richtig einschätzen, was für eine enorme Wirkung der Föhn auf mich hat.

Wenn der Föhn weht, liegt eben etwas ganz Besonderes in der Luft. Auch meine schlechte Laune kommt grundsätzlich vom Föhn. Normalerweise habe ich immer gute Laune! Es gibt kaum einen Tag, an dem ich nicht gut gelaunt bin. Außer wenn der Föhn weht – dann ist es vorbei mit der guten Laune. Ich kann machen, was ich will. Gegen Föhnfühligkeit ist leider noch kein Mittel entdeckt worden.

Das schlimmste Föhnwetter hatten wir in München 2005 – das werde ich nie vergessen. Ich kann mich genau daran erinnern, da meine Magisterarbeit, die eine 1,0 verdient gehabt hätte, gerade wesentlich schlechter bewertet worden war. Just in dem Moment, als ich mit meiner Arbeit die Uni verließ und auf die Straße trat, ging es los: Das schlimmste Föhnwetter seit Jahren! Es verursachte schlechte Laune und mittelschwere Depressionen. Erst Wochen später nahm der Föhn wieder ab. Zufälligerweise erinnere ich mich auch hier an den Zeitpunkt: Es war nämlich genau an dem Tag, als sich der Professor, der meine Magisterarbeit geprüft hatte, ein Bein brach und der Uni für ein paar Wochen fernblieb.

Natürlich bin ich nicht die einzige Münchnerin, der der Föhn zu schaffen macht. Im Gegenteil, es gibt fast keine Münchner, die nicht von diesem Leiden betroffen sind. Ob auf einer Bank im Englischen Garten, in der U-Bahn oder in der Bibliothek: »Es liegt am Föhn« ist einer der meistgesprochenen Sätze in München. Zu Recht.

Oft wird uns Münchnern nachgesagt, wir wären grantig, was so viel heißt wie: schlecht gelaunt. Das ist zwar richtig, aber bevor man uns verurteilt, sollte man doch lieber einmal die Gründe für diesen Gemütszustand erforschen! In den meisten der Fälle sind wir Münchner nämlich nur deshalb so grantig, weil wir gerade einmal wieder von einer neuen Föhnattacke heimgesucht werden.

Deshalb schauen wir uns auch nicht nur die Wettervorhersage für Bayern an. Ob die Sonne scheint oder ob es Regen gibt – das ist uns einerlei. Aber wenn wir bei der Wettervorhersage für Italien sehen, dass es südlich der Alpen regnen soll, spüren wir im Kopf bereits ein Ziehen aufkeimen.

Man munkelt übrigens auch von tragischen Föhngeschichten, von denen kein Münchner genau weiß, ob sie wahr sind oder erfunden. Einmal, vor sehr langer Zeit, soll ein Mann trotz des Föhns den ganzen Tag von morgens bis abends schwer gearbeitet haben. Als wäre das nicht schon gefährlich genug, soll er außerdem versucht haben, bei seinen Mitmenschen gute Laune zu verbreiten. In der darauffolgenden Nacht, so wird erzählt, hat es ihn dann unter unerträglichen Schmerzen dahingerafft.

Doch auch wenn es sich bei dieser Geschichte um ein Märchen handeln mag, mit dem kleine Kinder vor dem Föhn gewarnt werden: Gerade wenn man als Nicht-Münchner in die Stadt kommt und noch keine Erfahrungen mit dem Wetter gemacht hat, sollte man seine negativen Auswirkungen auf jeden Fall sehr ernst nehmen. Er ist äußerst gefährlich und gesundheitsschädigend! Und niemand ist vor dem Föhn gefeit!

Mein Tipp gegen Föhnfühligkeit: Sich unter dem Schutz von Kastanien gemütlich in einen Biergarten setzen, eine Maß trinken und sonst nichts tun. Das ist das einzige Heilmittel gegen den Föhn, das wirklich hilft. So viel Ruhe und so wenig Anstrengung wie möglich! Das Schlimmste, was man bei Föhnwetter machen kann, sind Steuererklärungen und Sport. Und da man ja auch nie so genau wissen kann, wann der Föhn kommt und wie stark er wirkt, sollte man vorsichtshalber in München nie Sport und Steuererklärungen machen. Es wäre einfach zu gefährlich.

Dazu kann man ja dann nach Hamburg fahren oder nach Celle. Sagt also nicht, ich hätte euch nicht gewarnt!

Verflixt und zugeföhnt

Der Föhn

Der Föhn ist eine Besonderheit des Münchner Klimas. Es handelt sich um einen trocken-warmen Fallwind aus Italien, der zu allen Jahreszeiten auftreten kann. Der Föhn hat bislang noch unzureichend erforschte Auswirkungen auf das Wohlbefinden des menschlichen Organismus.

Die Föhnkrankheit

Ob es eine Föhnkrankheit gibt oder ob nur die Wetterfühligkeit durch Druckunterschiede von Luftfronten zunimmt, ist umstritten. Fest steht aber, dass sich bei den Betroffenen allerlei Symptome beobachten lassen, darunter Konzentrationsschwierigkeiten, Schlafstörungen, Unruhe, Nervosität, Kopfschmerzen, Herz- und Kreislaufstörungen. Und Müdigkeit. Und Reizbarkeit, eine geringere Leistungsfähigkeit, Depressionen und die Verschlimmerung bestehender körperlicher Krankheitssymptome.

Die nördlichste Stadt Italiens

Entgegen vieler Fehlinformationen, die im Internet, in der Presse und der Literatur kursieren, ist die nördlichste Stadt Italiens weder München, noch Regensburg, Augsburg oder Bonn. In Wahrheit liegt die nördlichste Stadt Italiens nämlich in Südtirol und heißt Vipiteno (auf Deutsch: Sterzing).

Ab ins Grüne

Die Naturliebhaber

In den meisten Umfragen ist es die Antwort Nummer eins auf die Frage, warum jemand nach München zieht: »Weil man so schnell in den Bergen ist!« Viele frisch Zugezogene schenken jedoch nach ihrem Umzug in die bayerische Hauptstadt den Bergen erstaunlich wenig Beachtung. Während der vielen Arbeit, die sie ständig und ganz dringend zu erledigen haben, scheint sie bereits der Gedanke zu beruhigen, sie könnten schnell dorthin, wenn sie nur einmal die Zeit dazu finden würden. Die oberbayerische Wanderbibel *Münchner Hausberge* von Michael Pause haben sie sich natürlich nach mehrfacher Empfehlung gleich nach dem Umzug gekauft und gut sichtbar auf dem Sofatischchen platziert. Da liegt sie jetzt immer noch, wenn auch inzwischen ein paar Modezeitschriften, mehrere Ausgaben der *Süddeutschen Zeitung* und schlimmstenfalls sogar *Die neuesten Steuertipps* darübergestapelt wurden.

Und doch: Sobald auf den Almwiesen der Schnee schmilzt und ein zartes Grün zum Vorschein kommt, zieht es ein paar Naturwütige in die Berge. Um nach dem kalten Winter erst einmal wieder warm zu werden, steuern viele Bergliebhaber nahe Ziele wie die Chiemgauer Alpen oder den guten alten Blomberg an, der mit dem Auto von München aus in gut einer Stunde zu erreichen ist. Wenn der Aufstieg dann doch ein wenig zu schnell ging, wandern sie noch weiter zum Zwiesel, auf dessen Gipfel sie, beseelt von der guten Luft und dem wundervollen Ausblick, ihre Butterbrote essen. Ihr Blick schweift von der Benediktenwand zum Brauneck, und schon werden die nächsten Wanderungen für den Sommer geplant. Die Sommerrodelbahn, die sich auf dem Blomberg von der Mittelstation auf knapp 1.300 Metern nach ganz unten schlängelt, ist übrigens die längste in ganz Deutschland.

Manchen Alpensportlern erscheint jedoch Klettern viel aufregender als Wandern und Sommerrodeln. Mit Gurt, Seil und Haken ausgerüstet, wird deshalb im Wettersteingebirge ebenso herumgeklettert wie in den Allgäuer Alpen und dem Karwendelgebirge. Und damit man auf die teilweise sehr schwierigen Touren gut vorbereitet ist, wird im Winter natürlich schon einmal kräftig geübt. Deshalb hat sich München ja auch neben vier weiteren Kletterhallen die größte Europas geleistet. Mutige können hier bis zu 18 Meter hohe künstliche Felsen erklimmen.

So manchen Bergliebhaber zieht es aber auch erst dann in die Höhen, wenn die Saison für die Wanderer und Kletterer schon längst wieder vorbei ist. In der Stadt ist es dann kalt und ungemütlich. Auf den Straßen und Bürgersteigen mutiert der in der Nacht gefallene weiße Schnee zu braunem Matsch. Schneemassen drücken die Zweige der Bäume nieder und fallen unerwartet auf vorbeieilende Passanten herab. Wichtige Gründe also für die bergverliebten Münchner, behände ihre Skiausrüstung ins Auto zu packen und zur Zugspitze zu fliehen. Da nehmen sie dann auch schon mal in Kauf, dass sie am Ende der Garmischer Autobahn eine ganze Weile im Stau stehen und für den Tagesskipass 38 Euro bezahlen müssen. Spätestens beim nächsten Skiwochenende peilen sie deshalb einen der zahlreichen anderen, angeblich nicht ganz so überlaufenen Gipfel an.

Man könnte nun fälschlicherweise annehmen, die Münchner Skifahrer wären alle unglaublich sportlich. Hier muss man jedoch klarer differenzieren: Während sich manche tatsächlich von morgens bis abends auf ihren Brettern austoben und dabei ganz nebenbei ihren Körper trainieren, geht es vielen um etwas ganz anderes: Dank ihrer Erfahrung aus den letzten Jahren wissen sie nämlich, dass sich irgendwo da oben auf dem Berg, im herrlich glitzernden Schnee weit über den Wolken, eine Hütte mit einer wunderbar großen Terrasse befindet. In T-Shirt oder ärmellosen Top lassen sie sich dort von den warmen Sonnenstrahlen bräunen, gedenken der daheimgebliebenen, bedauernswerten Münchner Bevölkerung, die jetzt vermutlich unter der grauen Wolkendecke ächzt, und trinken genüsslich ihr Radler. Der naturverbundene Münchner fühlt sich übrigens schon allein deshalb auf der Terrasse der Skihütte so sauwohl, weil er weiß, dass er auf diese Weise die Berge schont, die er ja ansonsten mit übermäßigem Lift- und Skifahren malträtieren würde.

Natur gibt es natürlich nicht nur in den Bergen. Auch die Vielzahl und Vielfalt der Seen in und rund um München ist enorm. Der kleine Feringasee liegt im Nordosten der Stadt und ist auch gut mit dem *Radl* zu erreichen, weshalb er jedoch am Wochenende und in den Ferien meist heillos überfüllt ist. Hier wird im Sand gebuddelt, im Wasser geplanscht, Volleyball gespielt, windgesurft, Wasserski gefahren und gerne auch bis spät in die Nacht hinein gefeiert. Und weil das für viele nichts mehr mit Natur zu tun hat, packen die wahren Naturliebhaber die Badehose und ihr buntes Strandtuch ins Auto und fahren noch ein Stückchen weiter, an einen abgeschiedenen Moorsee: den Steinsee. Von dem haben sie nämlich schon ganz viel Gutes gehört, er soll ein echter Geheimtipp sein! Dort können sie dann endlich frei atmen und sich entspannen – denken sie. Ein klein wenig irritiert sind sie dann nämlich schon, als sie die vielen Autos entdecken, die bereits auf dem kostenpflichtigen Parkplatz stehen. Und dass man auf dem Weg zum See eine Schranke passieren muss, an der noch einmal eine Gebühr fürs Strandbad erhoben wird, verdirbt ihnen schon fast die gute Laune. Einige von ihnen nehmen jedoch den Fußweg durch den Wald zur anderen Seite des Sees auf sich, wo man ganz kostenlos liegen darf. Blöd nur, dass sie sich ausgerechnet ein Wochenende ausgesucht haben, um an den Steinsee zu fahren. Denn dann sind auch hier schon die wenigen guten Plätze von Ausflüglern besetzt. Nein, es ist schon sehr lange her, dass der Steinsee tatsächlich noch ein echter Geheimtipp war ...

Da ist es für viele Münchner doch angenehmer, sich gleich zwei Wochen freizunehmen und an das Meer der Bayern zu fahren. Denn auch wenn die Adria eigentlich nur für kurze Zeit um das Jahr 1000 n. Chr. herum bayerische Küste war, so wird sie dennoch jedes Jahr in den Pfingst- und Sommerferien von so vielen Süddeutschen bevölkert, dass man sich an den Stränden von Lido di Jesolo und Caorle als Münchner sofort heimisch fühlen darf. »Schatz, schmierst du mir mal bitte den Rücken ein?« und »Nein, Anna-Lena, es gibt jetzt nicht schon wieder ein Eis!«, das hört man dort mindestens genauso oft wie: »Ja, die Meiers san a wieder do, greaß Eana!«

Das endlos lange Stehen im Stau beim Versuch der Rückfahrt über den Brenner macht die armen meerverliebten Münchner dann jedoch so fix und fertig, dass sie das dringende Gefühl haben, sich vom Urlaub sofort wieder erholen zu müssen. Und so werden die letzten warmen Feierabende und Wochenenden noch schnell ausgenutzt, um mit dem Rad an die Isar zu fahren. Denn, oh ja, wir Münchner haben das Privileg, großartige innerstädtische Natur genießen zu können, allem voran unseren frisch renaturierten Wildfluss! Innerhalb von elf Jahren wurde die Isar von tonnenweise Kriegsschutt und anderen Altlasten befreit und ihr Flussbett erweitert. Gesteinsbrocken und Baumstämme wurden im Wasser verankert, damit dort Fische Unterschlupf finden können. Alles also im Sinne der Natur – weshalb es umso trauriger mit anzusehen ist, wie viele der Münchner, die am Flaucher glücklich ihr Fleisch und ihre Auberginenscheiben grillen und sich an der vorbeiströmenden Isar erfreuen, im Anschluss vergessen, ihren Müll zu entsorgen. Und wenn sie am schönen neu erschaffenen Kiesstrand ihre leeren Bierflaschen ins Wasser werfen, kann das erfrischende Bad im Fluss auch mal sehr schmerzhaft werden. Manche folgen der Isar deshalb auch noch weiter Richtung Süden und finden dort mit etwas Glück ein romantisches Plätzchen, wo sie schließlich all ihre Hüllen fallen lassen und die letzten Sonnenstrahlen genießen. Vielleicht entdecken sie dabei ein paar andere Münchner, die von Wolfratshausen aus mit einem Schlauchboot den Fluss hinunterfahren und sich dabei nicht nur an der herrlichen Natur berauschen, sondern auch an dem im Beiboot verstauten Bier. Möglicherweise schwimmt auch ein großes Floß an ihnen vorüber, auf dem die Kegelbrüder aus Giesing das 20-jährige Bestehen ihres Vereins feiern und zur Musik einer Blaskapelle schunkeln.

Aber auf welche Weise die Münchner sich dort auch vergnügen – der Isar-Ausflug ist spätestens im sogenannten Altweibersommer für alle mehr oder weniger echten Naturliebhaber obligatorisch. Denn wenn die Abende kürzer werden, ist das Flusswasser zu kalt zum Baden und der Weg bis zum Flaucher lohnt sich nicht mehr. Da schafft es der naturverbundene Münchner dann meistens nur noch bis zum Biergarten um die Ecke, in dem die Kastanienblätter inzwischen braungelb geworden sind. Möglicherweise macht er auch einen ausgiebigen Spaziergang im Westpark, im Luitpoldpark, im Olympiapark, im Englischen Garten oder in einer anderen charmanten Grünanlage, die in seiner Nähe liegt. Oder er steuert sogar einen Biergarten an, der sich in einem der Parks befindet – da hat er dann nämlich einen Garten im Garten,

somit gleich doppelt Natur, und kann sich so richtig freuen, dass er im grünen München wohnt!

Die Nackerten

Sie sind nach wie vor eine der größten Touris-
tenattraktionen Münchens: Die *Nackerten* im
Englischen Garten. Von Neugierigen begafft
und oftmals sogar fotografiert oder gefilmt, liegen sie hüllenlos auf der Schönfeldwiese am
Schwabinger Bach und sonnen sich.

Schon Ende der 1970er Jahre sorgten die
vielen FKK-Anhänger im Englischen Garten für
Aufsehen. Die Münchner Stadtverwaltung und
die Polizei versuchten zuerst, den spontanen
Naturismus zu unterbinden, erlaubten dann jedoch das Nacktbaden in zwei dafür ausgewiesenen Bereichen des Parks ganz offiziell. So wurde
der Englische Garten zum weltweit ersten frei
zugänglichen innerstädtischen Nacktbadegebiet.

Angefangen hat die FKK-Bewegung übrigens bereits im 19. Jahrhundert als ein Teil der
sogenannten Lebensreform, die sich gegen Ma-
terialismus und Urbanisierung wandte und die

Rückkehr zu einer ›naturgemäßen Lebensweise‹ anstrebte. Als deutscher Pionier der Freikörperkultur gilt der Maler und Sozialreformer Karl Wilhelm Diefenbach, der damals in München mit Kutte und Sandalen bekleidet seine Lehren verkündete und sie mit seinen Schülern in der Einsiedelei Höllriegelskreuth bei München praktizierte. In den 1970er Jahren wurde der Nudismus zur Massenbewegung.

In den letzten Jahren ist der Trend jedoch stark zurückgegangen. Während im Schwabinger Bach früher ganze Familien nackt badeten, sieht man heute nur noch vereinzelte Alt-Hippies ohne Körperbekleidung in der Sonne im Gras liegen. Eine neue Generation, die Nudismus als Form der Rebellion und der Freiheit preist, scheint sich wohl nicht einstellen zu wollen. Dabei kann man in München auch in vielen anderen Gebieten nackt baden, wo man nicht so beobachtet wird wie im Englischen Garten: Auf der Halbinsel des Feringasees zum Beispiel, dem größten und beliebtesten FKK-Bereich von München, oder in manchen versteckten Buchten an der Isar südlich des Flauchers. Abgesehen davon gibt es inzwischen jedoch auch einen neuen Nudismustrend: Nackert radeln! »Radler fordern:

Mehr FKK, bitte!«, titelte die *Abendzeitung* 2010. Nicht wenige Münchner, so heißt es in dem Artikel, wünschen sich die Einführung von FKK-Radlwegen in der Stadt. Na, zumindest kann da niemand mehr sagen, die bayerische Hauptstadt sei langweilig und bieder.

Das Beste zum Schluss

Die Lebensgenießer im Englischen Garten

Wir schreiben das Jahr 1789. In Paris tobt der Sturm auf die Bastille. In den Vereinigten Staaten tritt die Verfassung in Kraft. In Berlin kommt Mozart zu Besuch, und München, ja, München erhält einen Park. Aber was für einen! Nicht etwa einen kleinen vornehmen wie den Hofgarten direkt nebenan, nein, einen ganz großen und wilden Park nach englischem Vorbild.

Drei Jahre später ist er fertig und wird – als erster Volksgarten Europas! – der Öffentlichkeit zugänglich gemacht. Juchhu! Hügel, Wiesen, Flüsse, Bäume über Bäume und natürlich ein großer Biergarten in der Mitte – was müssen sich die

Münchner damals gefreut haben! Und sie tun es noch, denn der Englische Garten – entschuldigt, liebe ehrwürdige Gemälde und Baudenkmäler – ist das Allerschönste, was München zu bieten hat! Er ist nicht einfach nur irgendein Park, er ist ein Lebensraum. Hier wird gejoggt, gesonnt, gebadet, gekuschelt, gesungen, geritten, gerudert, getrunken, gespielt und gelacht, was das Zeug hält!

In jedem der 4,17 Quadratkilometer, die den Englischen Garten zu einem der größten innerstädtischen Parks der Welt machen, gibt es etwas zu sehen. Schon von der Prinzregentenstraße aus, bevor man den Garten also überhaupt betreten hat, lassen sich Surfer beobachten, die todesmutig auf der Welle im Eisbach reiten. Wenn man nun in den Park hineingeht, kommt man an einem japanischen Teehaus und einem Wasserfall vorbei und kann schließlich gemütlich den Schwabinger Bach entlangschlendern, an dem sich an sonnigen Tagen die Studenten tummeln. Die Uni ist nicht weit, hier ruhen sie sich zwischen und nach den Vorlesungen aus – oder, wenn die Sonne gar so schön scheint – auch mal während der Vorlesungen. Sie sitzen in Grüppchen zusammen, haben sich Sandwiches und Kaffee mitgebracht und diskutieren darüber, ob *Emilia Galotti* nun tatsächlich ein bürgerliches Trauerspiel ist, was das Kunstschöne von Hegel denn genau bedeutet oder aber auch, ob der Sieg des FC Bayern gestern wirklich verdient gewesen ist.

Da allmählich der Abend hereinbricht, häufen sich bereits liegen gebliebene Plastikbecher, leere Bierflaschen und Zigarettenstummel. Auch ein herrenloser Federball liegt im Gras. Ein bisschen weiter hinten sonnt sich ein *Nackerter*. Ein Hund prescht mit lautem Platschen in den Bach, in dem bereits zwei Frauen baden. Und, so ein Glück, da kommt ja gerade auch der inoffizielle Bier-Service-Mann auf seinem Fahrrad vorbei und versorgt die sich nach Flüssigkeiten verzehrenden Studentengrüppchen mit frisch gekühltem Augustiner. Im Schatten unter einem Baum trommeln zwei junge Bärtige mit langen Haaren und Schlaghosen auf ihren Instrumenten. Ein Mädchen liegt neben ihnen im Gras und zieht an ihrer selbstgedrehten Zigarette. Hier riecht es verdächtig nach *flower power*.

Ich steige den Hügel hinauf zum Monopteros, vor dem plötzlich eine Gruppe Jogger abrupt stehen bleibt. Einer der Männer aus der Gruppe berichtet von dem begnadeten Baumeister Leo von Klenze, während die anderen mächtig schnaufen – vermutlich eine dieser Sightseeing-Jogging-Gruppen, die vom Hilton Munich Park Hotel angeboten werden. Seit diese Tour vom neuen *Marco Polo Business Traveler* zum »Insider Tipp« erhoben wurde, sind die Yuppie-Touris Feuer und Flamme. Klar, Sport und Kultur in einem, das ist effiziente Zeiteinteilung!

Auf dem Rundtempel sitzt eng aneinandergeschmiegt ein junges, Händchen haltendes Pärchen. Ein älterer Mann steht vor dem Tempel und sieht verklärt über das Grün hinweg in Richtung Altstadt. Ich laufe weiter in Richtung Norden, am China-Turm vorbei, in dessen Biergarten die völlig entkräfteten Touristen mit ein paar Alteingesessenen gemeinsam am Tisch sitzen und ihr Feierabendbierchen trinken.

Mir kommt ein weiteres Pärchen entgegen, diesmal mit Kinderwagen. Der Mann lässt den Kinderwagen los, und da der Weg hier etwas abschüssig ist, rollt er führerlos vor ihm her. »Siehst du, Schatz«, höre ich ihn zu seiner Frau sagen, »man muss auch loslassen können.« Ein Stückchen weiter sitzt ein bestimmt schon 70-Jähriger auf seinem Campingstuhl, klampft auf seiner Gitarre und schmettert den Kastanienbäumen Udo Jürgens' *Griechischer Wein* entgegen.

Ich überquere die Englischer-Garten-Straße, auf der glücklicherweise nur der Bus und Fahrradfahrer fahren dürfen, und spaziere weiter in Richtung Kleinhesseloher See. Auf der Wiese findet ein großes Fußballspiel statt. Zurück auf dem Gehweg komme ich an grün gestrichenen Holzbänken vorbei. Alle 600 Bänke, die im Park verteilt sind, wurden in einer Münchner Schreinerei aus Holz von Bäumen aus dem Englischen Garten gefertigt. An vielen dieser Bänke sind Messingschilder mit Sprüchen und Widmungen angebracht. Für eine 200-Euro-Spende an die Verwaltung des Englischen Gartens darf man nämlich seinen ganz persönlichen Weihnachtswunsch, einen Geburtstagsgruß oder ein Liebesbekenntnis auf einer der Bänke verewigen lassen. Auf einem Schild lese ich: »Im Alter kann man nicht mehr hasten, man muss des Öfteren auch rasten. Drum hat die Steffi – Gott sei Dank – zum Ausruh'n jetzt ne eig'ne Bank.« Ein paar Schritte weiter: »Diese Bank gehört NIELS!« Schließlich: »Bis zum 12.11.2008 war er der attraktivste Junggeselle Schwabings. Jetzt ist er zwar kein Junggeselle mehr, für mich aber weiterhin der begehrenswerteste (Ehe-)Mann in und außerhalb Schwabings«. Kurz darauf komme ich an der

»Sonnenbank für Prüflinge« vorbei. – Wenn man einmal angefangen hat, auf die Sprüche der Parkbänke zu achten, wird man süchtig!

Auf dem Kleinhesseloher See wird bis in die Abendstunden hinein mächtig gerudert und getreten. Kinder kreischen in den Booten, Verliebte küssen sich, Enten und Gänse schwimmen und schnattern um sie herum. Auf der anderen Seite des Sees befindet sich das *Seehaus*, der zweite Biergarten im Südteil des Parks. Statt den See zu umrunden, nehme ich die Brücke, die den Südteil des E-Gartens – so wird er von uns Münchnern gerne verkürzt genannt – mit dem Nordteil verbindet. Unter mir brausen die Autos auf dem vierspurigen Mittleren Ring. Es ist gar nicht so einfach, ein Fotomotiv in München zu finden, das nicht ›irgendwie schön‹ ist. Aber das Pärchen, das genau hier oben ein Foto von sich machen lässt, hat tatsächlich genau so einen Ort gefunden. Na, Geschmäcker sind ja bekanntlich verschieden, vermutlich kommen die beiden aus Stuttgart.

Früher endete der Englische Garten am Kleinhesseloher See, erst später kam der Nordteil hinzu, dank dem der Park heute unglaubliche fünf Kilometer Länge misst. Im wesentlich ruhigeren Nordteil sind neben den Joggern auch viele Herrchen und Frauchen unterwegs, die ihre Hunde ausführen. Kaum zu glauben, aber ausgerechnet im konservativen Bayern herrscht hier keine Leinenpflicht, die Hunde laufen frei herum.

Ein etwa 60-jähriger Mann sitzt auf einer Bank, auf der »granddaddy's favourite place« zu lesen ist. Zwischen zwei Bäumen haben drei junge Frauen ein Band gespannt, auf dem sie mehr oder weniger erfolgreich zu balancieren versuchen. Eine Wiese weiter lässt ein Mann in Anzughose und Krawatte seinen ferngesteuerten Hubschrauber fliegen.

Aber ... nein ... dort hinter dem Gebüsch ... tun sie's wirklich? ... Ja, ganz eindeutig! Na, hoffentlich werden sie von unseren Beschützern nicht erwischt und wegen Erregung öffentlichen Ärgernisses angezeigt – es wäre ja nicht das erste Mal.

Vor mir entdecke ich ein richtungweisendes Schild zum *Minihofbräuhaus*. Würde ich weiter geradeaus laufen, käme ich irgendwann zum vierten und letzten Biergarten des Englischen Gartens, dem *Aumeister* am Nordende des Parks. Aber da es immer dunkler wird, drehe ich um. Den gesamten Englischen Garten hätte ich heute ohnehin nicht mehr ablaufen können: Alle Wegstrecken zusammengerechnet ergeben immerhin 78 Kilometer!

Zwei Fahrradfahrerinnen überholen mich. Sie tragen Bikini-Oberteile und haben Decken in ihren Körben liegen. Vermutlich waren sie im Feringasee baden und fahren jetzt durch Münchens Stadtoase wieder nach Hause. Wer weiß, vielleicht sind sie ja heute Abend noch im *Holy Home* oder im *Für Freunde* verabredet.

Auch wenn das Grün der Bäume und Wiesen kein Ende finden will, im Englischen Garten trifft man auf alle Farben der Stadt: die rote, sonnenverbrannte Haut der Nackerten, die gold glänzenden Armbänder der wohlhabenden Damen, die rosafarbenen Poloshirts der Yuppies und das leuchtende Gelb in den großen Krügen der Biergartler, die teilweise selbst bereits blau sind.

Das Grün um mich herum geht allmählich in Schwarz über. Am Himmel leuchten bereits Mond und Jupiter um die Wette. Weil ich nur ein dünnes Sommerkleid trage, komme ich etwas fröstelnd am Ausgang des Englischen Gartens an der Feilitzschstraße an. Ich laufe am *Sankt Moritz* vorbei, wo der Besitzer pfeifend die Tische und Stühle zusammenstellt. In der *Seerose* ist immer noch Hochbetrieb, Thomas Manns *Buddenbrooks*-Personal feiert ausgelassen bei Wein und Champagner. Vor den Spelunken sitzen nach wie vor die Männer bei Bier und Zigarette zusammen, nebenan wird gerade die Tür der neuen *Schwabinger Sieben* aufgeschlossen.

Am Wedekindplatz biege ich ab in die Occamstraße und entdecke die Menschentraube, die vor dem Lustspielhaus steht. Raucherpause. Heute gastiert mal wieder Martina Schwarzmann, wie immer vor ausverkauftem Haus. Ich steige die Treppen hinauf, gehe in meine Wohnung und schaue noch einmal zum offenen Fenster hinaus. Draußen reges Treiben, Musik aus dem Club gegenüber, ein Jugendlicher schließt sein Fahrrad an, ein Mercedes fährt vorbei, hektische Spaziergänger und lachende Gäste im Restaurant. Leise seufzend mache ich mein Fenster zu und schließe die roten Samtvorhänge.

Der Englische Garten – ein Gewinnspiel!

Schießt im Englischen Garten jeweils ein Foto von
* einer Glocke des Chinesischen Turms,
* einem Betrunkenen im Biergarten *Aumeister*,
* den Kirchtürmen der Theatinerkirche,
* einem Tretboot auf dem Kleinhesseloher See,

* einer Joggerin auf einer der Brücken im Südteil des Parks,
* der Tafel »Englischer Garten – Nordteil«,
* einem verliebten Pärchen auf einer der grünen Bänke,
* der Bank mit dem Schild »Holger meiner großen Liebe seit dem 26.2.1979«,
* euch selbst vor einem Bauwerk von Leo von
  Klenze.

Wenn ihr eure Fotos an den Conbook Verlag
schickt und sie vollständig sind, bekommt ihr von
mir einen persönlichen Brief mit zwei Freikarten
für meinen Soloabend in einem Theater in eurer
Nähe. Und wehe, ihr schummelt!

Epilog

Wieder einmal gehe ich zum roten Backsteingebäude nahe des Sendlinger-Tor-Platzes, öffne die schwere Tür des Planungsreferats und schleiche mich am Pförtner vorbei, der gerade hinter seiner Glasscheibe telefoniert. Erneut steige ich in eine der aufwärtsfahrenden Kabinen des Paternosters. Er knarzt und ächzt und wirkt so angestrengt und schwerfällig, dass ich befürchte, er wird in naher Zukunft von einem modernen Aufzug ersetzt.

Ein halbes Jahr ist es jetzt her, dass ich das letzte Mal hier war. Dieses Buch lag als großes Projekt vor mir, die Seiten waren noch unbeschrieben, lediglich ein paar Ideen schwirrten in meinem Kopf herum. Ich wusste selbst nicht, wer und was mir in dieser intensiven Zeit der Recherche begegnen und ob sich mein Bild von München und seinen Bewohnern dadurch ändern würde.

Die *BISS*-Verkäufer haben in dieser Zeit Gesichter bekommen, den Englischen Garten kenne ich inzwischen in- und auswendig und selbst mein Besuch im *P1* wird mir im Gedächtnis bleiben. Aber natürlich habe ich während meiner Recherchen noch unzählige weitere Farbnuancen der Münchner entdeckt, die ich gerne noch beschrieben hätte: Das strahlende, wenn auch manchmal etwas aufdringliche Rot-Weiß der FC-Bayern-Fans beispielsweise und das kontrastierende Blau-Weiß der 60er-Anhänger. Auch über das jüdische Leben in München hätte ich berichten und so dem Gesamtbild der Stadt noch eine weitere Farbe beimischen können. Mit Sicherheit fehlen die Autofahrer, denn immerhin prägt BMW die Stadt entscheidend mit. Einen Spritzer Schwarz hätte ich mit der Invasion der in weite dunkle Kleidung gehüllten arabischen Großfamilien hinzufügen können, die sich im Sommer Hotel-Suiten mieten, Münchner Ärzte besuchen und die Läden an der Maximilianstraße mit vollen Tragetaschen verlassen. Die letzten übrig gebliebenen Fans der *Rocky Horror Picture Show*, die regelmäßig den speziell für sie eingerichteten Kinosaal der Münchner Lichtspiele zum Beben bringen, wenn sie ihren Kultfilm feiern, den *Time Warp* mitsingen und mit Reis um sich werfen, hätten mein Münchenbild um eine grell leuchtende Farbe bereichert. Und schließlich: Die Münchner Opernbesucher! Die Münchner Politiker! Die Münchner Straßenmusikanten!

Die Informationstafel des neunten Obergeschosses erscheint, schließlich des zehnten. Meine Kabine dreht oben ihre Kurve und nimmt wieder den Rückweg auf.

Nein, mein Bild der Münchner ist natürlich unvollständig und lückenhaft. Aber hätte ich euch weitere Farbnuancen beschrieben, wären mir dabei sicherlich wieder neue eingefallen, und so hätte ich immer weitergeschrieben und ihr hättet niemals dieses Buch in den Händen gehalten.

Wäre die Stadt ein Puzzle, so hätte ich zumindest schon einmal einige Randteile und ein paar einzelne Mittelstücke zusammengefügt, die ihr mit euren eigenen Erfahrungen ergänzen könnt.

Aber selbst, wenn es irgendjemandem gelingen sollte, das Puzzle fertigzustellen, bliebe es fragil, denn die feinen Trennungslinien der einzelnen Elemente würden im Gesamtbild sichtbar bleiben. ›Die Münchner‹ ergeben ebenso wenig ein vollständiges, einheitliches Gemälde wie jede andere Gesellschaft – und das ist tröstlich zu wissen. Aber ich hoffe natürlich, dass meine persönlichen Stimmungsbilder euch zumindest einen ersten Eindruck von der Art und Weise geben konnten, wie in dieser Stadt gelebt, gedacht und gefühlt wird.

Ich bin inzwischen im zweiten Stock angelangt. Ein älterer Mann im Anzug und mit zwei roten Aktenordnern unter dem Arm will in meine Kabine steigen. Er ist ein paar Sekunden zu spät dran und nimmt deshalb die nächste über mir. Als schließlich das Bodenmosaik des Erdgeschosses erscheint, steige ich aus.

Meine Reise durch die Stadt und in so manche Köpfe und Herzen ihrer Einwohner ist beendet – ein seltsames Gefühl.

Ich denke, ich schlendere jetzt erst einmal zum Viktualienmarkt und kaufe mir eine Butterbrezn. Dann werde ich in mein kleines Schwabinger Nest zurückfahren und an etwas anderes denken

als an München. Zum Beispiel an Montréal –
dahin fliege ich nächste Woche in den Urlaub!

Danksagung

Besten Dank an Daniela Werner und Markus Ernst für das Lesen und Verifizieren vieler Kapitel, Moses Wolff für sein Faktenwissen über sämtliche Festzelte der Wiesn, Björn Puscha für seine Ansicht über die Alt-Münchner und die Zugezogenen, Brigitta Rambeck für ihre große Hilfe bei dem Kapitel über die Münchner Künstlerszene, Franca Flenda für ihr Wissen über die Münchner Schickeria, Michael Sailer und Andrea Limmer für die charmante Biergartenbegleitung und natürlich an Silvia und Helmut Hakenberg für ihre Kritik und Anregungen in sämtlichen inhaltlichen und stilistischen Fragen!

Wörterbuch

Brotzeit	Proviant
damisch	dämlich, blöd, dumm
Depp	Idiot
gscheid, gescheit	1. richtig, 2. klug
granteln	übellaunig sein, murren, unverständlich vor sich hinschimpfen
Hendl	gegrilltes Huhn
Kini	König (und damit meinen die Bayern meistens Ludwig II.)
Ja mei	Ausdruck hilfloser Anteilnahme, des Mitleids oder gar der Resignation

Wörterbuch

Madl	Mädchen
Monopteros	Rundtempel
	(nicht zu verwechseln mit
	»Monopterus albus« –
	dem asiatischen Kiemen-
	schlitzaal)
Nackerte	1. Nudisten, 2. Wurstsorte
	ohne Haut
narrisch	unvernünftig, verrückt,
	geisteskrank
Noagerl	Bierrest im Krug

Noagerlzuzler	jemand, der im Biergarten oder auf Volksfesten herumgeht und sich die übriggebliebenen Noagerl einverleibt
Obatzda	bayerischer Brotaufstrich aus Camembert oder Brie, Butter, Frischkäse, Zwiebeln, Paprikagewürz, Kümmel, Salz und Pfeffer
Passt scho!	Schon in Ordnung!
Radi	Rettich

Wörterbuch

Radler	1. Fahrradfahrer, 2. Misch-getränk aus Bier (Helles) und Limonade
Schweinshaxn	Eisbein
Semmegnedl	Semmelknödel
Sorry	Entschuldigung (Neu-Münchnerisch)
Steckerlfisch	auf dem Spieß gegrillter Fisch
Wampn	Bierbauch
Wurscht	Wurst
wurscht	egal, gleichgültig
Zefix no amoi!	Verdammt noch mal!
Zuagroaste	Zugereiste, Zugezogene

Glossar

Antiquarium
1. Sammlung von Altertümern, 2. ein bedeutender Renaissancesaal in München (nicht zu verwechseln mit dem Antiquariat oder dem Aquarium)

BMW
Bayerische Motorenwerke

Der Schichtl
Auf geht's beim Schichtl ist ein berühmtes Spektakel auf dem Oktoberfest, bei dem einem Zuschauer vermeintlich mit der Guillotine der Kopf abgeschlagen wird

Glossar

Liquide Cocaine
Cocktail mit geeistem Espresso

Monaco Franze
Hauptfigur der gleichnamigen Serie von Helmut
Dietl, die vom legendären Schauspieler Helmut Fi-
scher gespielt wurde

Munich Mule
Münchner Sommercocktail aus Wodka, Ginger
Beer und Gurke – klingt absurd, schmeckt aber ko-
mischerweise trotzdem gut!

MVV
Münchner Verkehrsbetriebe

Ottifant
längst vergessenes und vorm Aussterben bedroh-
tes Tier, das vor langer Zeit von einem berühmten
deutschen Komiker erfunden wurde

Ödön von Horváth
österreichisch-ungarischer Schriftsteller des 20.
Jahrhunderts, der seine Jugend in München verbrachte und mit 36 Jahren auf den Champs-Élysées
in Paris von einem Ast erschlagen wurde

Glossar

Olympia-Looping
berühmte Achterbahn mit fünf Loopings, die 1998
auf dem Oktoberfest eröffnet wurde

Paternoster
schönste und romantischste Form des Aufzugs, in
dem die offenen Kabinen im ständigen Umlaufbe-
trieb sind

Petra Perle
Münchner Original, das schon einmal (vergeblich)
den deutschen Schlager retten wollte und nun das
Café über dem Valentin-Karlstadt-Musäum betreibt

Spider Murphy Gang
Kultband aus München, die vor allem in den 1980er Jahren große Erfolge feierte und in dessen charmanten Sänger sich kleine Mädchen (wie ich damals) unsterblich verliebten

Teutschland
Bezeichnung, die Ludwig I. für Deutschland verwendete (er soll eine d-t-Schwäche gehabt haben)

Weißwurscht
bayerische Wurstspezialität, die im Jahre 1857 vom Moser Sepp, einem Münchner Metzger, erfunden wurde

Glossar

Zephyr

1. sympathische Cocktailbar in München,
2. ursprünglich jedoch eine Windgottheit der grie-
chischen Mythologie

Mehr als ein Reiseführer: Ein praktischer Reisebegleiter mit allen Informationen und reich an Geschichten entlang der Route.

2.500 KILOMETER ENTLANG DER PAZIFIKKÜSTE DER USA, von goldenen Stränden zu stürmischen Kaps, über Kliffs und Canyons, vorbei an Klippen und Vogelfelsen. Menschenleere Strände und Baumgiganten säumen die Strecke, Grauwale, Seelöwen und Pelikane werden zu den Begleitern einer eindrucksvollen Reiseroute.

Dazwischen erwarten Sie die brodelnden Metropolen Los Angeles, San Francisco und Seattle, Fixpunkte der amerikanischen Populärkultur und randvoll mit Leben und Sehenswertem. Folgen Sie einer einzigartigen Natur und den Spuren von Hippies und Bukowski, Glamour und Ruin. Entdecken Sie die amerikanische Pazifikküste und ein Amerika jenseits aller Klischees.

Jens Wiegand
**PACIFIC COAST HIGHWAY USA
NEUE WEGE ENTLANG DER AMERIKA-
NISCHEN WESTKÜSTE**

ISBN 978-3-934918-57-3

- Komplette Beschreibung des Pacific Coast Highways von San Diego nach Seattle, etwa 2.500 Kilometer entlang der us-amerikanischen Westküste
- Alle Highlights und alle relevanten Fakten für eine begeisternde Reise durch betörende Natur, aufregende Städte und kuriose Orte, abseits ausgetretener Pfade.
- Umfassendes Hintergrundwissen, wertvolle Tipps und präzise Wegbeschreibungen eines passionierten Reiseveranstalters.
- 24 informative wie unterhaltsame Essays und Beiträge, die Fragen beantworten, Verständnis vertiefen und kommentieren.
- Detailliertes Kartenmaterial für eine einfache und umfassende Orientierung.

»Selten liest man derart informiert, packend und detailreich über die USA wie in diesem Buch, das sowohl politisch wie popkulturell voller Wissen steckt. [...] Unentbehrlich für Kalifornien und Oregon.«
(Hannes Klug, AMERICA Journal)

CONBOOK VERLAG
www.conbook-verlag.de

Wie Sie in Italien immer eine *bella figura* machen und sich nicht als typisch-deutscher Tourist outen.

Sandro Mattioli
**FETTNÄPFCHENFÜHRER
ITALIEN – WIE MAN SO TUT, ALS SEI
MAN ITALIENER**

ISBN 978-3-934918-47-4

FETTNÄPFCHENFÜHRER ITALIEN – WIE MAN SO TUT, ALS SEI MAN ITALIENER. Dolce Vita, Pasta und Vino - das ist für viele Deutsche Italien. Doch dies ist nur die halbe Wahrheit, das Land ist viel komplexer. Zum Dolce Vita gehört als Gegenpart harte Arbeit, zur Laissez-faire-Attitüde gesellt sich eine Regelwut, die jedem deutschen Ministerialbeamten zur Ehre gereichen würde.

Wann bestellt man einen Cappuccino, auf welches Essen darf nun Käse und wann trinkt man besser keinen Wein? Warum lässt man die Jogginghose besser zuhause und mit wem darf ich eigentlich über welche Themen reden? Wer Italien wie ein Italiener erleben möchte, sollte dieses Buch zur Hand nehmen, um die Regeln zu erkennen. Sonst fällt man schnell mal unangenehm auf.

Die Erasmus-Studentin Franziska Weiss und ihr Vater Paul, den eine Geschäftsreise nach Rom führt, können davon ein Lied singen. Sie beide lernen, jeder auf seine Art, dass Italiener ganz anders ticken als die Deutschen. Am Ende finden die beiden, die sich nicht mehr viel zu sagen hatten, in Rom neu zueinander. Auch das kann passieren, in Italien, dem Land der Familie und dem Land der starken Gefühle.

»Locker geschrieben, amüsant zu lesen [...] Ein Beitrag zur Völkerverständigung.«
(Johannes Vesper, Musenblätter - Magazin für Kultur und Reise)

»Ein lesenswertes Buch für jeden Italienreisenden, der nicht wie ein typischer deutscher Tourist wirken möchte.«
(crema Magazin)

CONBOOK VERLAG
www.conbook-verlag.de

Skurrile Anekdoten und wunderbare Geschichten
über und quer durch die asiatischen Metropolen.

Holger Hommel
**WITWENTRÖSTER UND LILA PUDEL
ASIATISCHE MOMENTE**

ISBN 978-3-934918-81-8

WITWENTRÖSTER UND LILA PUDEL - ASIATISCHE
MOMENTE. Holger Hommel streift umher - mal als
einsamer Spaziergänger im Großstadtdschungel
Shanghais, mal in Bali als Lektor an Bord eines fernseh-
berühmten Traumschiffs. Er arbeitet sich quer durch
den asiatischen Kontinent und sucht verzweifelt nach
einem Universalschlüssel für die so unterschiedlichen
Regionen. Dass er dabei nie fündig werden würde, war
ihm durchaus bewusst - dass die Suche allerdings so
viel Erstaunliches zu Tage fördern würde, verblüffte ihn
dann doch...
Begleiten Sie Holger Hommel unter anderem auf einer
Wassermelone durch Bali und lassen Sie sich mit ihm
Hals über Kopf in Taiwan aus dem Linienbus werfen.
Erfahren Sie mehr über die Besonderheiten der viet-
namesischen Straßenphilosophie oder genießen Sie
einfach mal ein Schaumbad in Arabien.

In skurrilen Anekdoten und wunderbaren Geschichten
beschreibt Holger Hommel seine außergewöhnlichen
Erlebnisse in Asien und beweist Zeile für Zeile, dass
Reisen nicht nur spannend und lehrreich, sondern auch
äußerst unterhaltsam sein kann.

»Viel zu lachen auf 319 Seiten.«
(Susanne Rehm, Sonntag aktuell)

»Eingefleischte Asienfans merken schon nach wenigen
Seiten: Hier schreibt ein Experte. [···] Wenn Sie bereits
öfter Ihren Urlaub in Asien verbracht haben, werden
Sie viel lachen bei der Lektüre und noch häufiger be-
jahend mit dem Kopf nicken. [···] Wenn trübe Winter-
stimmung droht, Überhand zu nehmen, flugs das Buch
besorgen und loslesen!«
(Judith Hoppe, Reise-Inspirationen)

CONBOOK VERLAG
www.conbook-verlag.de

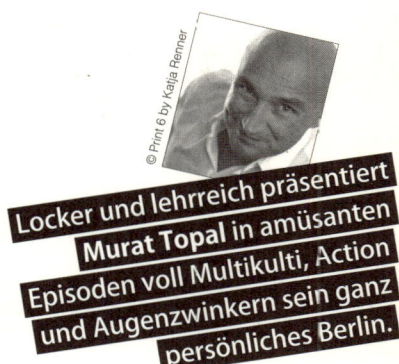

© Print 6 by Katja Renner

Locker und lehrreich präsentiert Murat Topal in amüsanten Episoden voll Multikulti, Action und Augenzwinkern sein ganz persönliches Berlin.

Murat Topal
BERLIN
Ich hab noch einen Döner an der Spree –
ein Heimatbuch
ISBN 978-3-934918-84-9

Murat Topal, Deutsch-Türke und gebürtiger Berliner, arbeitete zehn Jahre lang als Polizist im Bezirk Kreuzberg, bevor er sich ganz dem Dasein als Comedy-Künstler widmete. Bekannt ist er unter anderem durch Auftritte in verschiedenen TV-Sendungen und durch die Serie *Spezialeinsatz*, in der er die Hauptrolle spielt. Seit Februar 2011 tourt er mit seinem dritten abendfüllenden Bühnenprogramm *MultiTool – Der Mann für alle Fälle* durch Deutschland.

Die *Heimatbuch*-Reihe

CONBOOK VERLAG
www.conbook-verlag.de

Alles zu den Heimatbüchern: **www.heimatbuch.de**